CONOZCA
LOS PROFETAS
MAYORES

CONOZCA LOS PROFETAS MAYORES

Ralph Earle, Th.D.

Casa Nazarena de Publicaciones

Publicado por
Casa Nazarena de Publicaciones
Kansas City, Missouri 64131
Reimpresión, 2008

ISBN 978-987-22923-1-7

Traductor: Ismael E. Amaya

Printed in Colombia - Impreso en Colombia

PREFACIO

Este libro es complemento de Conozca los Profetas Menores. La aceptación generosa otorgada a la obra anterior ha estimulado en el autor la creencia de que hay un deseo creciente por el estudio de la Biblia, cuando este se presenta no como un tomo de muerte, sino como un libro de vida.

Los capítulos sobre Isaías son más extensos que los de los otros tres profetas. La mayoría de los estudiantes de la Biblia estará de acuerdo en dar un énfasis mayor al "príncipe de los profetas". El mensaje de Isaías es más amplio y tiene un significado más contemporáneo.

Nadie leerá cuidadosamente los mensajes de estos cuatro Profetas Mayores sin sentir su estrecha relación con lo que acontece en nuestros días. Aunque fueron escritos en tiempos del Antiguo Testamento, están repletos de actualidad. El hombre, hoy como siempre, necesita oír estas palabras en su alma: "Así ha dicho Jehová".

Ralph Earle

CONTENIDO

1 EL PRÍNCIPE DE LOS PROFETAS – ISAÍAS

Isaías 1–39

Nombre: Significa "Jehová salva".
Ciudad natal: Jerusalén.
Fecha de su ministerio: Aproximadamente entre 740 y 700 a.C.
Lugar de su ministerio: El reino del sur o Judá.

División del libro:
I. Profecías concernientes a Judá y Jerusalén (capítulos 1–12).
II. Sentencias en contra de las naciones extranjeras (capítulos 13–23).
III. Mensajes de salvación (capítulos 24–27).
IV. Advertencia en contra de la alianza con Egipto (capítulos 28–35).
V. Historia de los tiempos de Ezequías (capítulos 36–39).
VI. El mensaje de consuelo (capítulos 40–66).

Versículos para memorizar: 9:6; 26:3; 32:17; 41:10, 13; 53:5; 55:6-7.

PROFECÍAS CONCERNIENTES A JUDÁ Y JERUSALÉN
(capítulos 1–12)

El título (1:1)

Al igual que otros libros proféticos del Antiguo Testamento, el primer versículo de Isaías nos da el título del libro. Por lo tanto, la profecía propiamente dicha comienza con el versículo 2.

El encabezado nos indica el lugar que el libro ocupa en la cronología de la historia. Isaías profetizó "en días de Uzías, Jotam, Acaz y Ezequías, reyes de Judá". El primer versículo del libro de Oseas menciona los mismos cuatro reyes, pero agrega el nombre de Jeroboam II de Israel, puesto que Oseas profetizó en el reino del norte. Isaías hizo su ministerio en el reino del sur, Judá, por eso solo menciona los reyes de ese reino. Las fechas serían alrededor de los años 740 a 700 a.C.

Parece que Isaías fue un ciudadano de Jerusalén y consejero de sus reyes. Fue tanto estadista como profeta.

Aconsejaba reyes

El prefacio (1:2-31)

El primer capítulo de Isaías debe ser considerado como prefacio al libro, escrito después del resto del mismo, como generalmente se escriben los prefacios. Esto se deduce por el carácter general y comprensivo del capítulo, y también porque el primer versículo del capítulo 2 dice: "Lo que vio Isaías hijo de Amoz acerca de Judá y de Jerusalén". Estas palabras parecen indicar el principio del cuerpo principal del libro.

El tono de este prefacio es de castigo severo. En el versículo 4 el profeta señala a su país como "gente pecadora, pueblo cargado de maldad". En este versículo se encuentra la frase clave sobresaliente de Isaías, el "Santo de Israel", que se encuentra unas 25 veces en el libro. Sin duda hay una relación entre esta frase típica y la visión que el profeta tuvo de la santidad de Dios. Para él, Jehová era, sobre todas las cosas, "el Santo de Israel".

La lamentable condición moral de la nación se describe en el versículo 6 como la de una persona enferma, cubierta con llagas podridas de pies a cabeza. Esto se debe a la rebelión del pueblo en contra de Dios.

En el versículo 9 se hace mención a un énfasis importante de Isaías, el "remanente". Sin importar qué tan perversa fuera la nación, siempre habría unos pocos fieles.

En los versículos 10-15, Isaías hace que su trompeta toque la misma nota que su contemporáneo Amós, que la justicia es más importante que el ritual. Dios dice que está hastiado de ver a la gente traer sus sacrificios y hollar sus atrios. El ritualismo, cuando no está respaldado por la justicia, es rebelión en contra del "Santo de Israel".

Entonces Dios dice a Judá: "Lavaos y limpiaos... dejad de hacer lo malo; aprended a hacer el bien" (vv. 16-17). Y luego viene esa gran invitación de la Deidad a la humanidad: "Venid luego, dice Jehová, y estemos a cuenta: si vuestros pecados fueren como la grana, como la nieve serán emblanquecidos; si fueren rojos como el carmesí, vendrán a ser como blanca lana" (v. 18).

Las tres Jerusalén (capítulos 2–4)

La Jerusalén gloriosa (2:2-5). El capítulo 2 comienza con "lo que vio Isaías... acerca de... Jerusalén" (2:1). La primera visión es preludio de una gloria futura. "En lo postrero de los tiempos" Jerusalén será la capital de las naciones, y todos los pueblos correrán a ella para adorar. La palabra del Señor saldrá de Jerusalén y la guerra será reemplazada por la paz. Todo esto se cumplió parcialmente en la crucifixión, la resurrección, el Pentecostés en Jerusalén, y en la predicación del evangelio que comenzó allí. Pero para su cumplimiento completo debe esperarse la segunda venida de Cristo.

La Jerusalén sucia (2:6–4:1). La mayor parte de estos tres capítulos describe el pecado de Jerusalén y el castigo subsecuente. Aparentemente las cosas reflejaban mucha prosperidad. La tierra estaba "llena de plata y oro" y también "llena de caballos" (v. 7).

Pero también estaba "llena de ídolos" (v. 8). La prosperidad y la idolatría a menudo van juntas.

En 2:12, encontramos otra frase clave de Isaías y otros profetas: "El día de Jehová". Será un día de castigo sobre la gente por su soberbia.

Siempre existe el eterno contraste entre el justo y el impío. "Decid al justo que le irá bien, porque comerá de los frutos de sus manos. ¡Ay del impío! Mal le irá, porque según las obras de sus manos le será pagado" (3:10-11).

La descripción que el profeta hace de las mujeres de Judá en aquel tiempo (3:16-23), tiene por desgracia mucha actualidad. Pero la humildad y la sinceridad siguen siendo las virtudes cardinales del reino de los cielos.

La Jerusalén piadosa (4:2-6). Un remanente redimido, lavado de sus pecados, será llamado santo. Dios mismo habitará en medio de esta Jerusalén gloriosa.

La viña del Señor (capítulo 5)

La viña del Señor (vv. 1-7). Esta hermosa parábola es un cuadro del cuidado amoroso de Dios al proteger, preparar y plantar su viña. Él "la había cercado y despedregado y plantado de vides escogidas" (v. 2). También edificó una torre para vigilar que los ladrones no se acercaran e hizo un molino para trabajar las uvas. Pero cuando buscó fruto, solo encontró uvas silvestres.

La viña se identifica como "la casa de Israel" y las vides plantadas en ella son "los hombres de Judá" (v. 7). Por cuanto la viña no produjo buen fruto, será destruida (vv. 5-6).

Uvas silvestres (vv. 8-23). Aquí se enumeran seis clases de uvas silvestres, cada una de ellas antecedida por un "¡ay!" La primera es la *avaricia insaciable* (vv. 8-10). "¡Ay de los que juntan casa a casa, y añaden heredad a heredad hasta ocuparlo todo! ¿Habitaréis vosotros solos en medio de la tierra?" ¡Qué figura tan patética de los que se pasan la vida adquiriendo propiedades y amasando fortunas, solo para dejarlo todo al morir! No hay una tragedia más tonta que esta.

La segunda clase de uvas silvestres se identifica como la *embriaguez* (vv. 11-17). Con toda nuestra educación y hazañas vanidosas, estamos convirtiéndonos rápidamente en un mundo de alcohólicos, como Judá lo era en los días de Isaías.

El tercer "¡ay!" se pronuncia en contra del *desafío a Dios* (vv. 18-19). La gente lleva el pecado como en carretas y luego desafían al Santo de Israel a que apresure su castigo. Pero esa obra de juicio vendrá más pronto de lo que ellos se imaginan.

La cuarta uva silvestre es la *confusión moral* (v. 20): "de los que a lo malo dicen bueno, y a lo bueno malo". Esto todavía ocurre en nuestros días.

El quinto mal es la *soberbia* (v. 21). Las personas eran sabias "en sus propios ojos".

El sexto "¡ay!" repite la acusación de la embriaguez (vv. 22-23), con su resultante injusticia en los negocios.

Las consecuencias (vv. 24-30). Toda esta condición de pecado resultará en castigo, que será como fuego que devora la madera y como llama que consume la paja. Esto es porque "desecharon la ley de Jehová de los ejércitos, y abominaron la palabra del Santo de Israel" (v. 24). "Por esta causa se encendió el furor de Jehová contra su pueblo, y extendió contra él su mano..." (v. 25).

La visión de Isaías (capítulo 6)

Fue en el año en que murió el rey Uzías. Ese rey grande y piadoso había levantado la nación de Judá a su nivel más elevado de prosperidad desde los días de David y Salomón. Durante los 52 años de su ilustre reinado, conquistó a los filisteos en la costa occidental y a los árabes en los desiertos del este. Los amonitas del otro lado del Jordán se sometieron a él y le llevaron regalos, y el nombre de Uzías se hizo famoso desde Egipto hasta el Éufrates. Al mismo tiempo fortificó la capital, Jerusalén. Edificó torres de observación sobre las esquinas de sus macizas murallas y también sobre las puertas. Algunos de sus "expertos" inventaron catapultas que pudieran arrojar grandes piedras desde las murallas sobre cualquiera que quisiera tomar la ciudad. Estas fueron precursoras de los cañones del siglo XIX. Otras catapultas precursoras de las ametralladoras modernas, arrojaban flechas. La pequeña Judá estaba en su apogeo de poder y prosperidad[1].

Isaías, el joven profeta patriota, se sentía orgulloso de su pueblo. Quería estar al frente del desfile cuando el reino marchara hacia su edad de oro. El futuro estaba adornado de promesas.

Pero cuando el rey ya fue famoso y fuerte, se ensoberbeció e hizo una decisión errónea, se rebeló contra su Dios y fue al templo para quemar incienso. Esto estaba encargado al sacerdocio. Ochenta sacerdotes entraron al templo para impedir que el monarca hiciera tremenda locura.

El furor de Uzías se desató en contra de ellos. ¿Quién se atrevía a desafiar al rey? Pero, por un momento él olvidó que estaba desafiando al Rey de reyes.

De repente vio que los sacerdotes se volvieron hacia él con horror. La terrible marca de la lepra se veía claramente en su frente. Dios había castigado a Uzías. Aterrado, huyó del lugar santo para ir a vivir solitariamente en una leprosería por el resto de sus días. Sus conquistas llegaron a su fin porque él no pudo conquistarse a sí mismo. Olvidó que la sumisión a la voluntad de Dios es la victoria más grande que un hombre puede alcanzar.

El corazón del pobre profeta se llenó de quebranto. Pero quizá él haya orado así: "Oh Dios, tú sanaste a María de su lepra cuando murmuró contra Moisés en el desierto. ¿No te agradaría sanar al rey y restaurarlo al trono otra vez?" Toda esperanza se desvaneció cuando un día se recibió el temido mensaje: "El rey se está muriendo".

✱ *Su Dios santo.* En esa hora triste Isaías hizo lo único que puede hacer el hombre mortal. Fue al templo y se postró delante del Señor. Mientras oraba, levantó los ojos humedecidos por las lágrimas y tuvo una visión, y ¡qué visión! Parecía que miraba el trono de Judá, ahora vacío, perdiéndose de vista, y su corazón se hundió juntamente con él. Pero súbitamente, vio otro trono levantándose sobre el horizonte. Y este no estaba vacío. En él estaba el Rey de reyes y Señor de señores. El joven profeta aprendió aquel día que, aunque los reinos terrenales pueden tambalear y los tronos caer, el eterno reino de Dios permanece seguro. En el centro del universo está sentado el Rey todopoderoso, supremo, sereno y tranquilo en la confianza de su infinito poder para enderezar todos los errores y restaurar todas las ruinas causadas por el hombre.

Pero Isaías no solo vio "al Señor sentado sobre un trono alto y sublime". Alrededor del trono había serafines. Estas criaturas santas, hechas para habitar en la presencia de la Deidad, cubrían sus rostros y sus pies con reverencia delante del Santo de Israel.

La necesidad más grande que tenemos en el mundo de hoy es la renovación del sentido de lo sagrado de la vida. El pecado se tiene como un chiste. La santidad se menosprecia con mofa. Es necesario enfrentar al hombre con Dios.

El profeta no solamente vio; también oyó. A través del espacio infinito, se oyó el eco de los serafines: "Santo, santo, santo, Jehová de los ejércitos; toda la tierra está llena de su gloria". Pero ¡cuán pocos son los que tienen ojos para ver, oídos para oír, y corazones para sentir la gloria de Dios en el brillo de una hermosa puesta de sol, en el abrir de una rosa y en la hermosura de su fragancia, al escuchar el cántico de los pájaros, en el palpitar de las pulsaciones de una nueva vida en la primavera. ¡Cuánto pierde el hombre en su desenfrenada carrera!

Isaías no solo vio y oyó; él sintió. Los quiciales de las puertas del templo comenzaron a temblar como si el Todopoderoso las estuviera sacudiendo. El umbral que estaba debajo de sus pies también tembló.

Su yo pecaminoso. ¿Cuál fue el efecto de todo esto? ¡El vibrar de terremotos en el alma del profeta! Él fue conmovido hasta lo más profundo de su ser por la santidad de Dios. Su autosuficiencia y su autosatisfacción fueron conmovidas y hechas pedazos.

La noticia de la muerte del rey hizo que los castillos que Isaías había hecho en el aire se vinieran abajo, cayendo los pedazos sobre su cabeza hasta que todas las ruinas quedaron a su alrededor. Pero ahora algo de mayor significado tuvo lugar. Su autocomplacencia interior fue deshecha por el poderoso impacto de lo divino.

En realidad, nunca nos vemos a nosotros mismos sino hasta que vemos a Dios. La visión de la santidad de Dios dio al profeta una revelación de su propio pecado. Él clamó en desesperación: "¡Ay de mí! que soy muerto". El hebreo dice: "Que soy cortado". Vio una abertura entre Dios y su alma que no podía cerrar; en su imaginación vio un inmenso cañón que él no podía cruzar, un abismo ancho y profundo que no podía atravesar. El pecado siempre lleva a la separación.

✳ El remedio divino. Isaías no solo vio la santidad de Dios y su propio pecado, también vio el remedio. De repente un serafín voló hacia él. Simbólicamente tomó un carbón encendido con tenazas del altar, tocó los labios del profeta y dijo: "He aquí que esto tocó tus labios, y es quitada tu culpa, y limpio tu pecado". La limpieza fue la respuesta al clamor del profeta.

✳ Toda verdadera visión es una experiencia transformadora. No podemos ver a Dios y seguir siendo los mismos. Podemos mirarnos a nosotros mismos y quedar satisfechos. Parece que la mayor parte de la gente lo hace así, porque hace muy poco por mejorar. Podemos mirar a otros y quedamos satisfechos con la comparación. Pero nunca podemos mirar a Dios y sentirnos cómodos. Su santidad nos hace caer de rodillas con una súplica por su gracia. ✳

Nadie puede mirar a Cristo y sentirse satisfecho. Su perfección será siempre un desafío a nuestras imperfecciones. Ver a Cristo en toda su belleza siempre creará en nuestros corazones un descontento divino.

Algunos han interpretado esta visión de Isaías, registrada en el capítulo 6, como su llamado inicial al ministerio profético, aunque fue escrito después de los primeros cinco capítulos[2]. Puede ser que en este momento el profeta haya recibido una experiencia más profunda con Dios que enriqueció y amplió su ministerio grandemente.

La perplejidad política (capítulos 7–12)

Acaz y Asiria (capítulo 7). En el año 734 a.C. el reino del norte de Israel y su vecino del norte, Siria, fueron amenazados por el creciente poderío asirio, que trataba de conquistar todo el oeste de Asia. Sintiendo la necesidad de una alianza fuerte en contra de Asiria, Peka, el rey de Israel, y Rezín, el rey de Siria, evidentemente pidieron a Acaz, el rey de Judá, que se uniera a ellos. Cuando este rehusó, prefiriendo aliarse a Asiria, Peka y Rezín decidieron atacarlo (v. 1; véase 2 Reyes 16:5).

Precisamente en este momento, el profeta Isaías tomó cartas en el asunto. Él sabía que Acaz estaba pensando pedir ayuda a Asiria. Entonces Isaías tomó a su hijo, quien tenía el nombre simbólico de Sear-jasub, "un remanente volverá" (v. 3), y fue al encuentro del joven rey. Su mensaje fue: "Guarda, y repósate" (v. 4). Traducido en términos de la situación quería decir, "¡no hagas alianza con pueblos extranjeros!" El profeta le dijo que no temiera a esos "dos cabos de tizón", los reyes de Israel y Siria. Su furia pronto se acabaría y serían consumidos por Asiria. Todo lo que Acaz tenía que hacer, era confiar en Dios y dejar que él resolviera el asunto.

Debe notarse también que Siria se menciona por su capital, Damasco, lo mismo que Israel se menciona por Samaria, su capital.

Al reino del norte a veces también se le llama Efraín a causa de su tribu más importante, en cuyo territorio estaba Samaria.

Los reyes de Israel y Siria estaban amenazando con invadir Judá, deponer a Acaz, y poner en su lugar a Tabeel (v. 6), quien colaboraría con ellos. Pero Dios aseguró a Acaz que esto no sucedería (v. 7). Luego le lanzó un desafío con esta advertencia: "Si vosotros no creyereis, de cierto no permaneceréis". Todavía es verdad que la fe en Dios es la única base estable de seguridad, ya sea individual o nacional.

Entonces se ordenó a Acaz que pidiera una señal de que Dios iba a hacer esto (v. 11). Pero el rey ya había tornado la decisión de desobedecer a Dios y seguir adelante con la alianza con Asiria. Así que caprichosamente rehusó pedir una señal (v. 12), para evitar ser puesto en aprietos por su cumplimiento. Entonces Dios le dio una señal: "He aquí que la virgen concebirá, y dará a luz un hijo, y llamará su nombre Emanuel" (v. 14). Es obvio que Isaías 7:14 podía ser una señal para Acaz solamente si se cumplía en su día[3]. Antes de que el hijo creciera hasta una edad de responsabilidad, Siria e Israel habrían perdido ambos sus reyes a quienes Acaz tanto temía. Esto sucedió cuando Asiria conquistó a Damasco en el año 732 a.C. y a Samaria en el 722 a.C.

La profecía también tiene un significado que va siete siglos más adelante hasta el nacimiento virginal de Jesús. Una de las características de las profecías mesiánicas del Antiguo Testamento es que tienen un cumplimiento inmediato y parcial en el tiempo del profeta, y luego un cumplimiento distante y completo en la venida de Cristo. Este cumplimiento se registra en las palabras de Mateo: "Todo esto aconteció para que se cumpliese lo dicho por el Señor por medio del profeta, cuando dijo: He aquí, una virgen concebirá y dará a luz un hijo, y llamarás su nombre Emanuel, que traducido es: Dios con nosotros" (Mateo 1:22-23).

Puesto que Acaz rehusó obedecer, Dios le advirtió que Asiria vendría y raería (v. 20) a Judá. Este era el precio de la desobediencia.

La insensatez de las alianzas extranjeras (8:1–9:7). Al profeta se le ordenó tomar un rollo, probablemente un papiro, y escribir acerca de su hijo Maher-salal-hasbaz ("el despojo se apresura, la presa se precipita"). Este nombre simbólico significaba la rápida invasión de Siria e Israel por Asiria. Esto sucedería antes de que el niño aprendiera a hablar (v. 4).

El pueblo estaba desechando "las aguas de Siloé, que corren mansamente" (v. 6), probablemente una referencia a las aguas tranquilas del estanque de Siloé (Juan 9:7); y en su lugar querían aliarse con Asiria. Entonces Dios les advirtió que Asiria vendría como impetuoso río desbordado, inundando toda la tierra (v. 7). La ironía de todo esto fue que Asiria, por invitación de Acaz, conquistó Siria e Israel, pero luego invadió también a Judá como castigo. Acaz recibió más de lo que había pedido.

Isaías era tanto estadista como profeta, y sabía muy bien que las alianzas con países extranjeros terminaban en guerra. La única salvación para la nación yacía en una confianza serena en Dios. El pueblo decía con temor: "¡Conspiración!" (v. 12). Pero el consejo del profeta era: "A Jehová de los ejércitos, a él santificad; sea él vuestro temor, y él sea vuestro miedo" (v. 13). Si ellos hubieran temido a Dios en lugar de haber temido a las naciones extranjeras, hubieran permanecido seguros. El profeta sabía muy bien que su nombre y los nombres de sus hijos eran simbólicos para que se tomaran como "señales y presagios en Israel, de parte de Jehová de los ejércitos" (v. 18). Isaías era el hombre clave en ese tiempo en Judá, pero los reyes rehusaron reconocerle como tal.

Esta sección se cierra con otra gran profecía mesiánica. No hay descripción más hermosa de Cristo en el Antiguo Testamento que la que encontramos en Isaías 9:6, "Porque un niño nos es nacido, hijo nos es dado, y el principado sobre su hombro; y se llamará su nombre Admirable, Consejero, Dios fuerte, Padre eterno, Príncipe de paz". ¿Qué más podría haber inspirado el majestuoso oratorio de Handel, *El Mesías*?

La ira acumulada (9:8–10:4). Aquí tenemos un poderoso poema de cuatro estrofas, y cada una de ellas termina con el trágico refrán: "Ni con todo eso ha cesado su furor, sino que todavía su mano está extendida" (9:12, 17, 21; 10:4). En la primera estrofa (9:8-12) se señala a la gente por su actitud arrogante, y la predicción es que Israel será devorado por los sirios en el norte y los filisteos en el sur. La segunda estrofa (9:13-17) describe la actitud no arrepentida de la gente y amenaza con la destrucción en la batalla. La tercera (9:18-21) predice confusión y anarquía: "Manasés a Efraín, y Efraín a Manasés, y ambos contra Judá". Con las nubes de las amenazas de guerra de parte de las naciones extranjeras pesando sobre sus cabezas, las tribus todavía pelearían entre sí. La cuarta estrofa (10:1-4) describe la despiadada crueldad de los ricos al oprimir a los pobres, acumulando propiedades injustamente. Todo esto lo perderían pronto por el cautiverio. ¡Qué insensatos somos los mortales! Y, no obstante, muchos siguen haciendo lo mismo en la presencia misma de la advertencia del tormento eterno.

El instrumento de Dios para el castigo (10:5-34). La clave de esta sección la encontramos en el primer versículo mencionado: "Oh Asiria, vara y báculo de mi furor, en su mano he puesto mi ira". Asiria es el instrumento de Dios para castigar a una "nación pérfida". ¡Qué terrible es que a Judá se la llame "el pueblo de mi ira!" (v. 6).

Pero Asiria no sabría que sería usada por Dios (v. 7). Destruyó (v. 10) naciones más grandes que Judá (Jerusalén) e Israel (Samaria). Una vez que el Señor usara a Asiria para castigar a su pueblo, él a su vez la castigaría a ella por su arrogante crueldad (vv. 12-15).

El versículo 11 nos indica con claridad que esta profecía se pronunció después de la caída de Samaria en el año 722 ó 721 a.C. Asiria decía: "Como hice a Samaria y a sus ídolos, ¿no haré también así a Jerusalén y a sus ídolos?" La conquista de Samaria, que marcó la caída del reino del norte de Israel, sucedió casi exactamente a la mitad del ministerio de Isaías (740-700 a.C.).

La doctrina del "remanente" se subraya enfáticamente en los versículos 20, 21 y 22. Una de las contribuciones más importantes de Isaías es que un remanente retornará después de la destrucción de la nación.

El retorno del cautiverio (capítulos 11–12). Esta sección comienza con otra hermosa profecía mesiánica: "Saldrá una vara del tronco de Isaí, y un vástago retoñará de sus raíces. Y reposará sobre él el Espíritu de Jehová; espíritu de sabiduría y de inteligencia, espíritu de consejo y de poder, espíritu de conocimiento y de temor de Jehová". El Mesías debía ser "del tronco de Isaí"; quiere decir "hijo de David". Como base de este pasaje y otros más, los escribas del tiempo de Cristo enseñaban esto (véase Marcos 13:35).

Las dos características principales del reino del Mesías serían justicia (11:4-5) y paz (11:10). En lo referente a Israel, sería un remanente que retornaría de Egipto y del este (11:11-12). La eterna disputa entre Judá y Efraín, que condujo a la división del reino bajo Roboam y Jeroboam (1 Reyes 12), al fin será resuelta (11:13), y las naciones circunvecinas se someterán a su gobierno (11:14). No se revela exactamente cuándo ni cómo se cumplirá el pasaje de 11:15-16.

El capítulo 12 es un hermoso himno de acción de gracias que cantará el remanente redimido a su regreso del cautiverio. Nos recuerda uno de los himnos de Moisés después de cruzar el mar Rojo (Éxodo 15).

SENTENCIAS EN CONTRA DE LAS NACIONES EXTRANJERAS (capítulos 13–23)

Babilonia (13:1–14:23)

La prominente frase profética, "el día de Jehová", aparece aquí otra vez (13:6-13). Es un día de "asolamiento del Todopoderoso" (v. 6), "para convertir la tierra en soledad" (v. 9). Esto concuerda con todas las descripciones del día de Jehová.

Se indica que los conquistadores de Babilonia son los medos (13:17). Ellos tomaron la ciudad en el año 538 a.C. y el imperio medo persa sucedió al babilónico.

La descripción de la desolación de Babilonia (13:19-22) se cumplió literalmente. Por más de 2000 años ha permanecido en ruinas, como Sodoma y Gomorra (v. 19) lo han estado por muchos siglos más.

A menudo en el libro de Isaías hay breves predicciones de la restauración de Israel. Una de ellas se encuentra aquí (14:1-3).

Luego viene una "parábola", mejor dicho, "una canción burlesca" contra el rey de Babilonia (14:4-23). En ella se incluye uno de los pasajes más notables del libro (vv. 12-15), cuyo lenguaje parece ir más allá del rey de Babilonia hasta el gran opresor de la humanidad, Satanás. La tradición afirma que en el principio Satanás era un hermoso ángel llamado Lucifer, o "Lucero, hijo de la mañana". Fueron su orgullo y voluntad propia los que causaron su caída. Es interesante notar que los verbos en primera persona, se usan cinco veces en dos versículos (13-14): subiré, levantaré, sentaré, subiré y seré. Esta es la verdadera naturaleza del pecado. Es rebelión en contra de Dios. Parece que el pecado tiene su origen en la voluntad propia, y ciertamente encuentra su expresión principal en esa actitud. El pecado hace que el hombre desee usurpar en su vida el lugar de autoridad que solo Dios debe tener.

Asiria (14:24-27)

Esta nación era la principal amenaza a la paz de Asia occidental. Ahora Dios declara su destrucción, la que tuvo lugar con la caída de Nínive en el año 612 a.C.

Filistea (14:28-32)

Esta sentencia tiene que ver con "Palestina" (v. 29). Hoy es comúnmente aceptado que el nombre moderno de Palestina deriva de los filisteos, quienes ocuparon la parte sur de la llanura costera de Judá. Finalmente dieron su nombre a todo el país.

Esta "carga" está fechada "en el año que murió el rey Acaz" (v. 28). Eso fue alrededor del año 727 a.C., el año en que Tiglat-pileser III, rey de Asiria, murió. Los filisteos se regocijaron porque allí se quebró la vara que les había azotado durante tanto tiempo. Pero el profeta les advierte que "de la raíz de la culebra saldrá áspid, y su fruto, serpiente voladora" (v. 29). Tiglat-pileser III ("la culebra"), sería sucedido por Salmanasar IV ("áspid"), y por Sargón II ("serpiente voladora"), cada cual más cruel que su predecesor. Las crónicas de las cortes de estos reyes, descubiertas y descifradas recientemente, han confirmado con creces esta predicción. El versículo 32 sugiere que cuando el "humo" de la venida de Asiria apareció en el "norte" (v. 31), algunos mensajeros procedentes de las ciudades filisteas, buscaban una alianza con Judá para protección mutua en contra de los ejércitos invasores. Pero la respuesta de Jerusalén fue: "Jehová fundó a Sion, y... a ella se acogerán los afligidos de su pueblo". Desafortunadamente para Judá esta política sabia no se sostuvo más tarde.

Moab (capítulos 15–16)

En el año 734 a.C., el rey de Asiria, Tiglat-pileser había invadido Galilea y Jordania, amenazando así a Moab hacia el sur. La honda aflicción de este país se deja ver en los sentimientos de compasión del profeta por causa de su inminente caída (15:5; 16:9, 11).

La sección se cierra con una breve sentencia (16:13-14), evidentemente pronunciada más tarde que la otra, en la cual Isaías predice de una manera definitiva la caída de Moab "dentro de tres años". Esto ocurrió alrededor del 711 a.C.

Damasco (capítulo 17)

Esta sentencia incluye en su contenido al reino del norte o Israel (véase vv. 3-5). Es una advertencia de que los dos aliados, Siria e Israel, serán desolados. Esto tuvo lugar, por lo menos en parte, en el año 734 a.C.

Sin embargo, la profecía se cierra con una predicción de que el destructor mismo será destruido, y esto súbitamente (v. 14). Esta sería la suerte que correría Asiria.

Egipto y Etiopía (capítulos 18–20)

En el primer período de Isaías, estas dos naciones eran gobernadas por el mismo rey. Por tanto, las sentencias que se encuentran en estos tres capítulos se consideran juntas.

Etiopía (capítulo 18). Cuando Asiria tomó a Damasco (732 a.C.) y Samaria (722 a.C.), la gente de Etiopía se alarmó con la posibilidad de una invasión del norte. Así que enviaron mensajeros en todas direcciones (v. 2) para pedir ayuda. Pero "Isaías ordena a los mensajeros volver a su país para que observen silenciosamente cómo Jehová detendría el intento de Asiria de subyugar a Judá"[4].

Egipto (capítulo 19). Este capítulo se divide muy naturalmente en dos partes: una advertencia de la destrucción venidera (vv. 1-17) y una promesa de restauración futura (vv. 18-25). Se profetiza que Egipto, en medio de su dificultad, se volverá al Señor y le adorará. El capítulo se cierra con la maravillosa predicción de que Egipto, Asiria e Israel, se unirán en la adoración del Señor. Sin duda que algunos aspectos de esta profecía todavía tienen que cumplirse.

Egipto y Etiopía (capítulo 20). En el año en que la ciudad filistea de Asdod fue capturada por Tartán (comandante en jefe) de Sargón, rey de Asiria, Isaías recibió de Dios la orden de caminar descalzo y medio desnudo. (Entre los semitas se consideraba una desgracia exponer el cuerpo entre el cuello y los tobillos.) Por espacio de tres años el profeta se presentó en público vestido como cautivo, símbolo patente de la vergüenza de Egipto y Etiopía. Los pueblos de estas dos naciones serían llevados como prisioneros en desgracia por los asirios. Esto tuvo lugar durante la conquista de Egipto en el año 711 a.C.

El desierto del mar (21:1-10)

Se acepta generalmente que esta declaración se refiere a Babilonia. Las palabras "Cayó, cayó Babilonia" se repiten en Apocalipsis 14:8 y 18:2. Se supone que los elamitas y los medos fueron los que depusieron el poderoso imperio babilónico.

Edom o Duma (21:11-12)

Estos dos versículos son valiosos especialmente por su apelación evangelística. En medio de las tinieblas de la última parte del siglo VIII a.C., la gente preguntó al profeta, puesto como un atalaya sobre el muro: "¿Qué de la noche?" La repetición de la pregunta revela la urgencia y el temor. El profeta de Dios debería dar hoy la misma respuesta que se da aquí: "La mañana viene, y después la noche". Para cada persona la eternidad será un día que nunca verá la oscuridad, o las completas "tinieblas de afuera" de una noche que nunca tendrá un amanecer. Para la gente de Edom ("Seir") el futuro estaría mezclado con esperanza y temor.

Arabia (21:13-17)

Robinson explica este breve oráculo como "una súplica cordial a los temanitas para que den pan y agua a las caravanas de Dedán, las que habían sido desviadas de sus rutas normales de viaje por causa de las guerras"[5]. El versículo 14 debe traducirse como una petición y no como una declaración.

El valle de la visión (capítulo 22)

Estrictamente hablando, esta declaración no era para una nación extranjera, sino en contra de Judá mismo. Quizá la razón de que se halle aquí es que incluía a las alianzas extranjeras, uno de los pecados habituales de Judá en esta época.

El tiempo era la invasión de Judá por Sargón en el año 711 a.C. (Robinson), o la destrucción de Jerusalén en el año 711 a.C. (C.A. Smith). En cualquiera de los dos casos, la ciudad estuvo en verdadero peligro. Mientras que el corazón del profeta estaba destrozado por la tristeza (vv. 4-5), la gente estaba de fiesta en lugar de estar ayunando (vv. 12-13). Dios reveló a Isaías que este pecado nunca sería perdonado (v. 14). En vez de orar a Dios para recibir ayuda, los habitantes de Jerusalén fortificaban sus defensas materiales (vv. 8-11).

En la segunda mitad del capítulo se compara a dos personajes. Sebna, el tesorero (vv. 15-19), había formado su propio medio ambiente, pero sería llevado al cautiverio. Quizá era un extranjero de descendencia siria, quien pertenecía al grupo partidario de los egipcios[6]. Su puesto se daría a Eliaquim (vv. 20-25). Este último sería colocado como un clavo en lugar firme (v. 23), una expresión semita típica. Pero desafortunadamente, él trataría de colgar a toda su familia en ese clavo (v. 24), favoreciendo a sus parientes injustamente, así que el clavo finalmente cedería bajo el peso (v. 25). A menudo el poder y las posiciones importantes arruinan a hombres buenos.

Tiro (capítulo 23)

Tiro era una de las grandes ciudades comerciales de los tiempos antiguos. Los barcos salían de sus muelles a todas partes del Mediterráneo, y algunos aun se aventuraban a navegar por la costa occidental de África. Pero este orgullo altanero sería derribado, y su extenso comercio llegaría a su fin. Es interesante notar que se predijo que este período de eclipse duraría 70 años (vv. 15, 17), como el de Judá. Luego su prosperidad anterior volvería (vv. 17-18).

MENSAJES DE SALVACIÓN (capítulos 24–27)

Advertencia del juicio (capítulo 24)

El cautiverio que se aproxima se ve claramente en la visión del profeta: "La tierra será enteramente vaciada, y completamente saqueada" (v. 3). Sin embargo, quedará un remanente fiel semejante al rebusco de las viñas y olivos (v. 13). Pero las cosas estarán en una confusión tal que "temblará la tierra como un ebrio" (v. 20).

El gozo de los redimidos (capítulo 25)

Este es un himno de alabanza a Dios por su liberación. Quizá represente la acción de gracias de los judíos por la liberación de la amenaza asiria, o posiblemente vislumbre el retorno futuro del cautiverio babilónico. Notablemente bellos son los versículos 4, 8 y 9.

La alabanza de Judá (capítulo 26)

El nombre Judá significa "alabanza". Por tanto, es adecuado entonar un himno de alabanza en tierra de Judá (v. 1).

Una de las muchas expresiones hermosas de Isaías se encuentra en el versículo 3: "Tú guardarás en completa paz a aquel cuyo pensamiento en ti persevera; porque en ti ha confiado". En nuestros turbulentos días, como en los de Isaías, la fe es siempre el fundamento de la paz.

El capítulo termina con una exhortación (vv. 20-21) al pueblo de Dios para que se refugie en él hasta que la tormenta pase.

Otro cántico sobre una viña (capítulo 27)

La mayoría de los profetas antiguos usaron mucho el lenguaje simbólico. En el primer versículo de este capítulo Isaías menciona la serpiente veloz (Asiria), la serpiente tortuosa (Babilonia) y el dragón del mar (Egipto). Estas tres potencias que habían destruido muchas naciones y que habían amenazado la seguridad de Judá, serían destruidas.

En este cántico sobre la viña (véase capítulo 5) se hace la predicción de que, aunque temporalmente dañado, "echará raíces, florecerá y echará renuevos Israel" (v. 6). Pero antes de eso vendría el castigo y la destrucción, la expiación de los pecados de Judá (vv. 9-11).

ADVERTENCIA EN CONTRA DE LA ALIANZA CON EGIPTO (capítulos 28–35)

Seis ayes (capítulos 28–33)

Esta sección contiene seis ayes que se consideran relacionados con la invasión de Senaquerib en el año 701 a.C.[7] Sin embargo, los primeros seis versículos del capítulo 28 describen a los ebrios de Efraín. Luego la escena parece pasar a Jerusalén.

Ay de los políticos y sacerdotes ebrios (capítulo 28). Las cosas estaban muy mal cuando Isaías tuvo que decir que "el sacerdote y el profeta erraron con sidra, fueron trastornados por el vino" (v. 7). Luego lanza una acusación sobre los políticos Burlones, "varones burladores que gobernáis a este pueblo que está en Jerusalén"

(v. 14), quienes dicen que han hecho un pacto con la muerte (v. 15). Reprende su cinismo petulante advirtiéndoles que el juicio es seguro (v. 17). Frente a la burla de ellos, él da esta promesa: "He aquí que yo he puesto en Sion por fundamento una piedra, piedra probada, angular, preciosa, de cimiento estable; el que creyere, no se apresure" (v. 16). En el Nuevo Testamento (Mateo 21:42; Hechos 4:11), se indica que esta piedra es Cristo.

Ay de Jerusalén (29:1-14). Ariel significa "león de Dios" y aparentemente se usa como un nombre para Jerusalén. Aquí estaba el centro de la adoración a Jehová. Pero esta era la evaluación de Dios de los adoradores: "Este pueblo se acerca a mí con su boca, y con sus labios me honra, pero su corazón está lejos de mí" (v. 13).

Ay de aquellos que esconden de Dios sus pensamientos (29:15-24). Se pronuncia un ay sobre aquellos que dicen: "¿Quién nos ve, y quién nos conoce?" Ellos olvidan que Dios ve y sabe todo lo que hacen. Probablemente la referencia se haga a sus planes secretos para hacer una alianza con Egipto y rebelarse en contra de Siria.

Ay de los que se vuelven a Egipto (capítulo 30). Rehusando el consejo de Dios, los líderes de Judá van a Egipto para buscar ayuda (vv. 1-2). Pero la ayuda egipcia será en vano (v. 7). El mensaje de Dios es: "Su fortaleza sería estarse quietos", esto es, confiar tranquilamente en Dios en vez de hacer alianzas extranjeras. A aquellos que corrieron a Egipto, el Señor les dice: "En descanso y en reposo seréis salvos; en quietud y en confianza será vuestra fortaleza" (v. 15). Pero "no quisisteis".

Luego viene esta hermosa promesa de la dirección divina: "Entonces tus oídos oirán a tus espaldas palabra que diga: Este es el camino, andad por él" (v. 21). Si el pueblo se abstuviera de hacer una alianza con Egipto, y pusiera su confianza completamente en Dios, él destruiría a los asirios con su palabra (v. 31).

Ay de los que confían en Egipto (capítulos 31–32). Como notamos anteriormente, Isaías era un destacado estadista tanto como un inspirado profeta. Él veía claramente la fatuidad de ir a Egipto en busca de ayuda. Esa nación sería pronto conquistada por Asiria. Participar en una alianza con Egipto resultaría solamente en doble castigo a manos de los asirios, así que clamó: "¡Ay de los que descienden a Egipto por ayuda, y confían en caballos; y su esperanza ponen en carros... y no miran al Santo de Israel!" (31:1; véase 30:2).

Dios era una defensa mucho más grande para Judá de lo que podrían serlo los caballos y los carros de Egipto. En una de sus muchas y hermosas promesas, Isaías dice: "Como las aves que vuelan, así amparará Jehová de los ejércitos a Jerusalén, amparando, librando, preservando y salvando" (31:5). ¿Qué más podía pedir Judá?

El profeta predijo que los israelitas quitarían sus ídolos (31:7), entonces Dios vencería y haría retroceder a los asirios con su poder (31:8).

De nuevo encontramos otro de los grandes pasajes mesiánicos de Isaías: "He aquí que para justicia reinará un rey... Y será aquel varón como escondedero contra el viento, y como refugio contra el turbión" (32:1-2).

Una de las características de Isaías es su poderosa y clara condenación de las mujeres de Judá (32:9-12; véase 3:16-24). Lo cierto es que como eran las mujeres, así es la nación. Las mujeres pueden hacer más que los hombres para elevar o destruir un país. El profeta no ve esperanza "hasta que sobre nosotros sea derramado el Espíritu de lo alto" (32:15).

El sector partidario de Egipto exigía constantemente una alianza militar con aquel país. Pero el consejo consistente de Isaías, juntamente con las promesas, cierra esta sección. Él dice: "Y el efecto de la justicia será paz; y la labor de la justicia, reposo y seguridad para siempre. Y mi pueblo habitará en morada de paz, en habitaciones seguras, y en recreos de reposo" (32:17-18). Lo único que debía preocupar al pueblo era practicar la justicia; entonces Dios les protegería.

Ay de los ladrones (capítulo 33). Los asirios habían destruido naciones a diestra y siniestra. Ahora ellos serían destruidos.

El profeta dice al pueblo: "Y reinarán en tus tiempos la sabiduría y la ciencia, y abundancia de salvación" (v. 6). Ellos tenían que olvidar a Egipto, tomar su consejo y confiar en Dios. Su juez no era Egipto, sino Dios. Él era su Legislador y Rey, "Él mismo nos salvará" (v. 22).

Amenaza y promesa (capítulos 34–35)

George L. Robinson escribe: "Lo más sorprendente de estas profecías es la constante alternación de amenazas y promesas"[8]. Esto está bien ilustrado por los dos capítulos de esta sección: El primero es principalmente una advertencia de castigo, mientras que el segundo es uno de los pasajes de promesas más hermosos del Antiguo Testamento; un capítulo que sería beneficioso memorizar.

Castigo sobre Edom (capítulo 34). Edom, también llamado Idumea, había sido un enemigo empedernido de Israel (véase Abdías). Dios se refiere a la nación como "el pueblo de mi anatema" (v. 5). El castigo y la desolación sobrevendrían sobre aquellos que persiguieron a los israelitas en su camino a Canaán.

Un poema de promesas (capítulo 35). Este es uno de los muchos y hermosos pasajes devocionales de Isaías. Aparte de Salmos, no hay un libro más rico en el Antiguo Testamento donde el cristiano pueda meditar. Aquellos que aman su Biblia a menudo la abren en Isaías para buscar consuelo y fuerzas espirituales. Este capítulo es un himno de alabanza que requiere poco comentario. Recomendamos que lo lea ahora.

HISTORIA DE LOS TIEMPOS DE EZEQUÍAS (capítulos 36–39)

Generalmente se ha dicho que los capítulos 38 y 39 cronológicamente preceden a los capítulos 36 y 37. El orden se debe a que la historia de la invasión de Asiria (701 a.C.) relatada en los capítulos

36 y 37 encaja en una forma más natural con los capítulos 1-35; por tanto, la mención de la enfermedad de Ezequías en el capítulo 38 (714 a.C.); y de la embajada babilónica en el capítulo 39 (712 a.c.), une en una forma más lógica los eventos siguientes. Estos cuatro capítulos forman una transición entre la primera parte de Isaías (caps. 1–35) y la segunda (caps. 40–66). Es un interludio histórico entre ambas.

Esta sección se repite casi al pie de la letra en 2 Reyes 18:13–20:19. Fue una gran liberación que Dios hizo por su pueblo, y era digna de relatarse dos veces.

La invasión de Senaquerib (capítulos 36–37)

El sitio de Jerusalén (36:1–37:8). En el año 701 a.C., difícil de aparear con el "año catorce del rey Exequias" (36:1), Senaquerib invadió a Judá y tomó muchas de sus ciudades. Según los anales sirios, tomó cuarenta y seis ciudades.

Senaquerib se detuvo en Laquis y envió al Rabsaces (literalmente, "jefe de los oficiales") hasta Jerusalén con un gran ejército (36:2). Este inteligente representante trató primero de intimidar a la ciudad para que se rindiera. Se detuvo cerca de las murallas, envió un arrogante mensaje a Ezequías, a quien no quiso honrar con el título de rey. En lugar de eso, dijo: "El gran rey, el rey de Asiria, dice así" (36:4). Pero esto sería contrarrestado más tarde por las palabras de Isaías: "Así ha dicho Jehová Dios de Israel" (37:21). Era un duelo entre Dios y Senaquerib.

El Rabsaces justamente reprendió a Judá por confiar en el "báculo de caña frágil, en Egipto" (36:6). Pero cuando se mofó de ellos por confiar en Jehová (v. 7), se pasó de la cuenta. Su censura y sarcasmo se ven en la manera de pedir rehenes y decir: "Y yo te daré dos mil caballos, si tú puedes dar jinetes que cabalguen sobre ellos" (v. 8).

Cuando los representantes de Ezequías pidieron al Rabsaces que hablara en "arameo" (siríaco) en vez de la "lengua de Judá" (hebreo) para no asustar a la gente que escuchaba por sobre el muro, el oficial asirio contestó con vulgar sarcasmo. El honor del Dios santo estaba en peligro cuando el Rabsaces profirió al pueblo de Dios sus amenazas a voz en cuello (36:13-21).

Cuando se le comunicó el mensaje a Ezequías el rey, rasgó sus vestidos como señal de tristeza, se cubrió de cilicio y fue al templo (37:1). Envió un mensaje a Isaías, pidiéndole que orara (vv. 2-4). El profeta mandó decir al rey que no temiera las amenazas de los asirios, porque él oiría un rumor que le haría volver a su patria (vv. 6-8).

La carta amenazadora (37:9-38). Aunque los asirios tuvieron que levantar el sitio para enfrentar a los ejércitos de Etiopía, enviaron cartas de amenaza a Ezequías. El rey las llevó al templo y "las extendió delante de Jehová" (v. 14). Como respuesta a su oración, Dios le aseguró que Jerusalén sería perdonada (vv. 21-35). Aquella noche "el ángel de Jehová" hirió a ciento ochenta y cinco mil soldados asirios y el peligro terminó.

La enfermedad y el error de Ezequías (capítulos 38-39)

La enfermedad y la sanidad (capítulo 38). Isaías hizo saber al rey que moriría a causa de su grave enfermedad. Pero Ezequías oró y Dios le extendió la vida por 15 años más. Ezequías expresó su gratitud en un himno de acción de gracias (vv. 9-20). El método de la curación se describe como una cataplasma de higos (v. 21).

La embajada de Babilonia (capítulo 39). Merodac-baladán, rey de Babilonia, envió cartas y un regalo a Ezequías, felicitándole por su recuperación. Obrando con poca cordura, el rey de Judá mostró a los babilonios todas sus riquezas y tesoros de oro y plata. Isaías le advirtió que los babilonios volverían un día para tomar todas las riquezas que habían visto y para llevar a sus descendientes al cautiverio.

PARA ESTUDIO ADICIONAL

1. Compare la personalidad de los cuatro reyes mencionados en Isaías 1:1 (vea 2 Crónicas 26–32).
2. ¿Dónde y cuándo profetizó Isaías?
3. ¿Cuál es el énfasis principal de los capítulos 1-5?
4. Describa la visión del capítulo 6 y discuta su significado.
5. ¿Cuál era la relación entre Asiria, Siria, Israel y Judá?
6. ¿En contra de qué naciones extranjeras se dirigieron las profecías de Isaías?
7. ¿Con cuáles otras dos naciones advirtió Isaías que no se aliara Israel?
8. Haga un resumen de la historia de los tiempos de Ezequías.

NOTAS BIBLIOGRÁFICAS

1 En 2 Crónicas 26 se puede encontrar la descripción del reinado de Uzías.

2 Véase, por ejemplo, *The Book of Isaiah* de George Adam Smith (edición revisada; New York: Doubleday, Doran and Co., sin fecha), 1, p. 56.

3 Véase *Biblical Commentary on the Prophecies of Isaiah* de Franz Delitzsch (Grand Rapids: Wm. B. Eerdmans Publishing Co., 1949), 1, p. 217.

4 George L. Robinson, *The Book of Isaiah* (edición revisada; Elgin, Illinois: David C. Cook Publishing Co., 1948), p. 92.

5 *Ibid.*, p. 94.

6 George Adam Smith, *op. cit.*, I, p. 330s.

7 Robinson, *op. cit.*, p. 109.

8 *Ibid.*, p. 115.1

2 EL PROFETA DEL CONSUELO

Isaías 40–66

El cambio de tono que notamos desde el primer versículo del capítulo 40 es muy marcado. Mientras que el énfasis principal de los primeros 39 capítulos es el juicio y el castigo, la nota sobresaliente de los capítulos 40 al 66 es el consuelo y las promesas.

En los últimos años se ha venido aceptando la idea de que esta segunda parte no fue escrita por el Isaías del siglo VIII a.C., sino por un segundo Isaías de mediados del siglo VI a.C. Se sostiene que el punto de vista que se despliega aquí es el de la última parte del cautiverio babilónico, cuando el pueblo de Israel comenzaba a pensar en volver a su propia patria. Especialmente se sostiene que nadie en el siglo VIII hubiera podido predecir por nombre la venida de Ciro (44:28; 45:1) para permitir que los judíos volvieran a Palestina.

La solución de todo el asunto reside en si uno puede creer en una inspiración sobrenatural o no, porque es la única forma en que se puede explicar este fenómeno. Este breve estudio no nos permite una consideración más detallada sobre el asunto. Sin embargo, uno puede confiar el hecho de que un distinguido erudito del Antiguo Testamento, George L. Robinson, después de una vida de estudio de Isaías, escribió estas palabras en la edición revisada (1938) de su breve pero excelente obra, *The Book of Isaiah* [El libro de Isaías]: "A menudo, a través de los años, mis amigos me han preguntado: si todavía creía en la unidad de Isaías, e invariablemente he contestado con toda franqueza que estaba ¡más convencido que nunca!¹".

Uno de los argumentos que subraya Robinson es que el nombre divino, "el Santo de Israel", que se encuentra 25 veces en Isaías y solamente seis en el resto del Antiguo Testamento, aparece más o menos en la misma proporción en las dos partes: 12 veces en los capítulos 1–39 y 13 veces en los capítulos 40–66. Y dice: "La presencia de este nombre divino en todas las diferentes porciones del libro es de más valor para identificar a Isaías como el autor de estas profecías que si su nombre se hubiera escrito al principio de cada capítulo"².

INSENSATEZ DE LA IDOLATRÍA (capítulos 40–48)

El incomparable Dios de Israel (capítulo 40)

El capítulo 40 de Isaías es uno de los discursos más elocuentes en toda la literatura. Se dice que Edmund Burke, uno de los oradores más distinguidos que Inglaterra haya tenido, acostumbraba leer el libro de Isaías antes de ir al parlamento.

Consolaos (vv. 1-11). Las palabras iniciales de este capítulo nos dan la clave de la segunda parte del libro. Después de las advertencias, Dios habla con seguridad consoladora.

El versículo 3 se cita en cada uno de los cuatro Evangelios en relación al ministerio de Juan el Bautista. En el versículo 4, se explica cómo alguien puede preparar el camino del Señor: alzando los valles, bajando los montes y los collados, enderezando lo torcido y allanando lo áspero. Esta es la fórmula divina de cuatro puntos para un avivamiento. Cuando la seguimos, la promesa es nuestra: "Y se manifestará la gloria de Jehová, y toda carne juntamente la verá..." (v. 5). Eso es un verdadero avivamiento.

El cuidado cariñoso de Dios por los suyos se expresa en una forma hermosa en el versículo 11: "Como pastor apacentará su rebaño; en su brazo llevará los corderos, y en su seno los llevará;

pastoreará suavemente a las recién paridas".

El Dios incomparable de Israel (vv. 12-31). La grandeza de Dios se describe en términos de omnipotencia (v. 12), omnisciencia (vv. 13-14) y trascendencia (vv. 15-17). Luego viene la clave de esta sección: "¿A qué, pues, haréis semejante a Dios, o qué imagen le compondréis?" (v. 18). Esto se repite en el versículo 25: "¿A qué, pues, me haréis semejante o me compararéis? dice el Santo". El marcado contraste entre el verdadero Dios y los ídolos muertos (vv. 19-24) se presenta de manera muy clara. El capítulo se cierra con una admonición combinada con promesa: "Pero los que esperan a Jehová tendrán nuevas fuerzas; levantarán alas como las águilas; correrán, y no se cansarán; caminarán, y no se fatigarán" (v. 31).

El poder de la predicción (capítulo 41)

Parece que el segundo versículo de este capítulo se refiere a Ciro. Es una anticipación de la profecía más específica en 44:28–45:13.

Dos de las promesas más preciosas de la palabra de Dios aparecen en este capítulo, en los versículos 10 y 13: "No temas, porque yo estoy contigo; no desmayes, porque yo soy tu Dios que te esfuerzo; siempre te ayudaré, siempre te sustentaré con la diestra de mi justicia... Porque yo Jehová soy tu Dios, quien te sostiene de tu mano derecha, y te dice: No temas, yo te ayudo".

La prueba suprema de que solo Jehová es el verdadero Dios consiste en su poder para predecir lo futuro. Vez tras vez se lanza el desafío a los dioses falsos de las naciones paganas a que prueben su deidad prediciendo lo futuro. Esto empieza en el versículo 22: "anúnciennos lo que ha de venir", y continúa en el versículo 23: "Dadnos nuevas de lo que ha de ser después, para que sepamos que vosotros sois dioses". Solo el Dios de Israel conoce el porvenir.

El siervo de Jehová (capítulo 42)

Después de haber anunciado la soberanía de Jehová a Israel en el capítulo 40 y a los paganos en el capítulo 41, Isaías proclama el programa misionero de Dios para evangelizar a las naciones. Esta nota, que es prominente en los capítulos 40-66, ha hecho que la gente se refiera a veces al libro como "el Evangelio según Isaías".

El primer cántico acerca del siervo (vv. 1-9). Este párrafo es el primero de cuatro "cánticos acerca del siervo" en Isaías. El segundo es 49:1-13, el tercero 50:4-11 y el cuarto 52:13–53:12.

Mientras que "el siervo de Jehová" es el tema principal de la próxima sección (caps. 49–57), aparece ya como un tema prominente en esta sección. La primera mención del siervo se hace en 41:8-9. Allí se identifica a Israel como "mi siervo". En la mayoría de los pasajes que se refieren al siervo en los capítulos 40–48, el énfasis se pone sobre la nación de Israel como si fuera el siervo de Jehová. Esa es la interpretación general de los judíos hasta el día de hoy.

Sin embargo, en "el cántico acerca del siervo" hay más evidencias para identificar al siervo como un individuo. La iglesia cristiana admite ambas interpretaciones: En un sentido limitado a la nación de Israel, y en un sentido más completo, al Mesías de Israel.

El lenguaje de este primer cántico sobre el siervo es prominentemente personal. Se habla de "él". El Espíritu de Dios será "puesto sobre él" (v. 1). Será tierno y manso (v. 2), como ciertamente lo fue Cristo.

Además de la ternura del siervo, subraya su misión mundial (vv. 1, 4, 6). Su ministerio se describe abriendo los ojos a los ciegos y liberando a los presos de la cárcel (v. 7). El cántico termina con la nota de predicción.

Un mosaico (vv. 10-25). Como a menudo sucede en los libros proféticos, el resto de este capítulo se refiere a varios asuntos cuya relación es difícil de percibir. Aquí encontramos alabanza (vv. 10-12), juicio (vv. 13-15), promesa (v. 16), reprensión por los ídolos

(v. 17), otra referencia al siervo de Jehová (v. 19) y el castigo de los pecados de Israel (vv. 22-25).

Redención (capítulo 43)

Israel pertenecía a Dios tanto por creación como por redención (v. 1). El segundo versículo parece describir los sufrimientos de Judá en el cautiverio babilónico.

El énfasis de Isaías sobre el monoteísmo resulta claro a través de todo el capítulo. Jehová dice: "Antes de mí no fue formado dios, ni lo será después de mí" (v. 10). Y en cuanto a la redención agrega: "Yo, yo Jehová, y fuera de mí no hay quien salve" (v. 11).

Otra nota de redención aparece en el versículo 25: "Yo, yo soy el que borro tus rebeliones por amor de mí mismo; y no me acordaré de tus pecados".

Otra vez en este capítulo, como en el 42:9, el Señor dice que hará "cosa nueva" (v. 19). Esto puede referirse al retorno del exilio.

Lo absurdo de la idolatría (capítulo 44)

El ataque más duro en contra de la adoración de las imágenes, entre muchos otros en esta sección, lo encontramos en este capítulo (vv. 9-20). Después de declarar: "Fuera de mí no hay Dios" (v. 6), y más adelante: "No hay Dios sino yo. No hay Fuerte; no conozco ninguno" (v. 8), Dios procede por medio de su profeta a mostrar la insensatez de la idolatría. Un hombre corta un árbol; usa una parte como combustible para calentarse y cocinar, y con el resto hace un dios y se arrodilla ante él y lo adora. ¡Qué insensatez!

En los versículos 21-23, tenemos un pasaje glorioso de redención. El versículo 22 se asemeja mucho a 43:25. Este es el Evangelio según Isaías. La redención trae perdón de los pecados.

Ciro, siervo de Dios (capítulo 45)

El ungido de Dios (44:28–45:4). Ciro será el "pastor" de Dios para ordenar la reedificación de Jerusalén y su templo (44:28).

Pero lo más sorprendente es que Ciro es llamado el "ungido" de Dios (el término hebreo que significa "mesías"). Él sería como un mesías para los judíos, librándolos del cautiverio y restaurándolos a su tierra. Dios lo había llamado y le había dado su nombre, aunque Ciro mismo no conocía a Dios (v. 4).

No hay otro Dios (vv. 5-25). La frase monoteísta se repite aquí con marcada intensidad: "Yo soy Jehová, y ninguno más hay; no hay Dios fuera de mí" (v. 5); "yo Jehová, y ninguno más que yo" (vv. 6, 18); "Y no hay más Dios que yo; Dios justo y Salvador; ningún otro fuera de mí" (v. 21). Este Dios único es también el único Salvador: "Mirad a mí, y sed salvos, todos los términos de la tierra, porque yo soy Dios, y no hay más" (v. 22). Es difícil pensar cómo el monoteísmo podría ser expresado en forma más enfática. Jehová no es solamente el único Dios verdadero de Israel; él es el único Dios que existe. Los dioses de las naciones son solamente criaturas producto de sus pensamientos.

La caída de Babilonia (capítulos 46-47)

El derrocamiento de su religión (capítulo 46). Bel era el Dios principal de la religión babilónica; Nebo era el intérprete de los dioses. Pero el peso inerte de sus imágenes era una carga penosa para las bestias que los llevaban (v. 1). Estos dioses no tenían poder; por el contrario, eran inútiles y fueron llevados al cautiverio (v. 2). En contraste a ellos, Jehová lleva a su pueblo (vv. 3-4) desde la cuna hasta el sepulcro.

Una vez más Dios lanza el desafío: "¿A quién me asemejáis, y me igualáis, y me comparáis, para que seamos semejantes?" (v. 5). Lo absurdo de la idolatría es subrayada una vez más (vv. 6-7). Una y otra vez se hace resaltar la nota monoteísta: "Porque yo soy Dios, y no hay otro Dios, y nada hay semejante a mí" (v. 9). Su deidad se muestra, como se repite a menudo en esta sección, por el hecho de que él es capaz de anunciar "lo por venir desde el principio" (v. 10).

El derrocamiento de la ciudad (capítulo 47). La vergüenza de la triste caída de Babilonia se describe aquí vívidamente (vv. 1-5). Ella ha tratado al pueblo de Dios con crueldad criminal (v. 6). Su destrucción había llegado y ninguno de sus dioses falsos la podría ayudar (vv. 12-14).

Un resumen (capítulo 48)

Los aspectos de importancia de esta sección (caps. 40–48) se resumen aquí como conclusión. Jehová es el único que puede predecir lo futuro (vv. 3-8); los ídolos no pueden hacerlo (v. 5). Se puso a Israel en el horno de la aflicción para ser refinado (v. 10). Dios es el creador (v. 13). El pueblo saldría de Babilonia para que todo el mundo supiera que Dios había redimido a su gente (v. 20).

De nuevo notamos una preciosa promesa en el versículo 17: "Yo soy Jehová Dios tuyo, que te enseña provechosamente, que te encamina por el camino que debes seguir".

EL SIERVO DE JEHOVÁ (capítulos 49–57)

Ya en la sección previa el profeta mencionó al siervo de Jehová por lo menos unas 12 veces. Pero ahora viene a ser el tema dominante. Tres de los cuatro "cánticos acerca del siervo" se encuentran en esta sección.

Salvación (capítulo 49)

El segundo cántico acerca del siervo (vv. 1-13). Al principio el siervo parece identificarse como Israel (v. 3). Pero luego se le presenta como el siervo de Dios "... para levantar las tribus de Jacob, y para que restaures el remanente de Israel; también te di por luz de las naciones, para que seas mi salvación hasta lo postrero de la tierra" (v. 6). Por tanto, el siervo se diferencia de la nación que él restaurará. Algunos han interpretado al siervo como el remanente fiel en Israel. Pero de una forma clara, el cumplimiento más elevado de este lenguaje puede encontrarse solamente en Cristo.

La restauración de Israel (vv. 14-26). La perspectiva universal es más prominente en Isaías que en cualquier otro profeta del Antiguo Testamento. El resultado de la restauración de Israel será que "conocerá todo hombre que yo Jehová soy Salvador tuyo y Redentor tuyo, el Fuerte de Jacob" (v. 26).

El Siervo Sufriente (capítulo 50)

Vendidos por sus propios pecados (vv. 1-3). Jehová recuerda al pueblo que su propio pecado causó que fuesen vendidos a la esclavitud (v. 1). Él podría haberles salvado, pero ellos no escucharon (v. 2).

El tercer cántico acerca del siervo (vv. 4-11). Aquí predomina la nota personal. Se nos da un vislumbre anticipado del Siervo Sufriente descrito más ampliamente en el capítulo 53. Hablando en primera persona, el siervo se describe a sí mismo de la siguiente manera: "Di mi cuerpo a los heridores, y mis mejillas a los que me mesaban la barba; no escondí mi rostro de injurias y de esputos" (v. 6). Solamente en Cristo encontraron cumplimiento todas estas expresiones.

Escucha y despiértate (51:1–52:12)

Escucha (51:1-8). Tres veces en estos ocho versículos, por medio de su profeta, Dios pide a su pueblo que escuche (vv. 1, 4, 7). La primera vez les dice que recuerden su origen. Así como él bendijo a Abraham, también los bendecirá a ellos. La segunda vez les pide que reconozcan su ley. La tercera vez los exhorta a que no teman los reproches de los hombres.

Despiértate (51:9–52:12). Tres veces el profeta clama: "Despiértate, despiértate" (51:9, 17, 52:1). La primera vez es un llamado a que Dios despierte en favor de su pueblo. Como respuesta se obtiene la promesa de redención y restauración: "Ciertamente volverán los redimidos de Jehová; volverán a Sion cantando, y gozo perpetuo habrá sobre sus cabezas; tendrán gozo y alegría, y el dolor y el gemido huirán" (51:11).

La segunda oportunidad es un llamado a Jerusalén para que despierte y se levante, porque su castigo terminará en bendición. La tercera vez también es un llamado a Jerusalén. Debe despertar y ponerse sus hermosos vestidos, porque ya no será oprimida (52:1). A menudo en estos capítulos, Dios consuela a su pueblo.

El cuarto cántico acerca del siervo (52:13–53:12)

El capítulo 53 de Isaías debería comenzar con 52:13, donde "mi siervo" es presentado. Esta sección generalmente se considera como el punto culminante de la profecía hebrea. Robinson dice: "Los pensamientos más profundos en la revelación del Antiguo Testamento se encuentran en esta sección... Ocupan el primer lugar en la profecía mesiánica"[3].

Era el capítulo 53 de Isaías el que el eunuco etíope iba leyendo en su carro cuando Felipe se le acercó para hablarle (Hechos 8:32). El evangelista le pudo mostrar que las palabras se referían a Cristo, como el Siervo Sufriente del Señor. Ningún otro pasaje presenta este aspecto con tanta claridad.

Las palabras del versículo 3 han captado la imaginación de los hombres en todas partes: "Despreciado y desechado entre los hombres, varón de dolores, experimentado en quebranto". Se dice que cuando Handel alcanzó este punto en la composición de *El Mesías* se lo encontró llorando con el rostro sobre la mesa. Ninguna persona seria en el estudio de la Palabra puede leer esta porción sagrada sin conmoverse.

Pero el versículo 4 hace una aclaración muy importante: Sus sufrimientos no fueron por él mismo, sino por nosotros. "Ciertamente llevó él nuestras enfermedades, y sufrió nuestros dolores".

Este aspecto vicario se desarrolla aún más en el versículo 5, donde se subrayan el propósito y el resultado de su sufrimiento: "Mas él herido fue por nuestras rebeliones, molido por nuestros pecados; el castigo de nuestra paz fue sobre él, y por su llaga fuimos nosotros curados".

Luego viene el pasaje que toca la sensibilidad del corazón de cada pecador penitente: "Todos nosotros nos descarriamos como ovejas, cada cual se apartó por su camino; mas Jehová cargó en él el pecado de todos nosotros" (v. 6). ¡No nos extraña que a este capítulo se le llame el Evangelio según Isaías!

La sumisión mansa de Cristo frente al sumo sacerdote y Pilato se prefiguran en el versículo 7. Su muerte vicaria es descrita una vez más en el versículo 8.

Su muerte no es solamente vicaria, sino también eficaz: "Cuando haya puesto su vida en expiación... verá el fruto de la aflicción de su alma, y quedará satisfecho; por su conocimiento justificará mi siervo justo a muchos, y llevará las iniquidades de ellos" (vv. 10-11). El Padre estaría satisfecho con el sacrificio de su Hijo y lo aceptaría para la justificación de muchos.

El cántico se cierra con la nota de redención: "Fue contado con los pecadores, habiendo él llevado el pecado de muchos, y orado por los transgresores".

La restauración por medio de la redención (capítulo 54)

La redención es un asunto costoso. Incluye sacrificio y sufrimiento (cap. 53). Pero conlleva bendición y gozo. La atmósfera del capítulo 54 es la de cautivos redimidos cantando y gozándose.

El versículo 2 es un desafío constante para cada cristiano: "Ensancha el sitio de tu tienda, y las cortinas de tus habitaciones sean extendidas; no seas escasa; alarga tus cuerdas, y refuerza tus estacas". Dios quiere que continuemos ensanchando nuestras vidas constantemente, tanto interiormente en una experiencia espiritual, como exteriormente en servicio efectivo. Pero uno no debe extender sus cuerdas a menos que fortifique sus estacas. Mientras más grande sea la tienda y más largas las cuerdas, más firmemente deben enterrarse las estacas, de lo contrario la tienda se vendrá abajo. Esto es lo que ha pasado con algunos obreros cristianos. Tomemos como ejemplo los rascacielos modernos: Para ir más alto uno debe ir primero más profundo. La estabilidad de la estructura depende de la fortaleza del cimiento.

Una fase del evangelismo de Isaías es la importancia que le da a lo universal. Él tenía una visión más amplia que cualquier otro escritor del Antiguo Testamento. La salvación es para los gentiles tanto como para los judíos. "Tu descendencia heredará naciones (gentiles)" (v. 3). "Dios de toda la tierra será llamado" (v. 5).

La invitación del evangelio (capítulo 55)

El capítulo 55 de Isaías contiene una de las anticipaciones más hermosas de la predicación evangelística de nuestra era que pueda encontrarse en el Antiguo Testamento. La salvación es gratuita (v. 1). "Buscad a Jehová mientras puede ser hallado, llamadle en tanto que está cercano" (v. 6). Estas palabras son tan significativas hoy, como lo fueron hace 2,000 años. Lo mismo podemos decir del versículo siguiente: "Deje el impío su camino, y el hombre inicuo sus pensamientos, y vuélvase a Jehová, el cual tendrá de él misericordia, y al Dios nuestro, el cual será amplio en perdonar".

Las palabras del versículo 11 han consolado a los predicadores un sin fin de veces: "Así será mi palabra que sale de mi boca; no volverá a mí vacía, sino que hará lo que yo quiero, y será prosperada en aquello para que la envié".

¿Y quién no se ha conmovido al leer los últimos dos versículos? Solamente citaremos el versículo 12: "Porque con alegría saldréis, y con paz seréis vueltos; los montes y los collados levantarán canción delante de vosotros, y todos los árboles del campo darán palmadas de aplauso". Este es un capítulo que todo cristiano debería memorizar.

Juicio y justicia (capítulos 56–57)

La importancia del día de reposo (56:1-8). Una bendición especial se pronuncia sobre aquellos que guardan el día de reposo para no profanarlo (v. 2). El quebrantamiento del día de reposo es uno de los pecados más vergonzosos en nuestros días. El cristiano daría un testimonio fiel al no hacer negocios en domingo. Mientras más fácil sea quebrantar el día del Señor, más grande será la tentación. Este es un punto en el cual nosotros debemos ser diferentes, no indiferentes.

Aquellos que guardan el día del Señor debidamente estarán gozosos en la casa de oración, y las ofrendas que traigan serán aceptas al Señor (v. 7). Uno no debe emplear la tarde del domingo en asuntos seculares, para no mencionar placeres mundanos, y esperar ser bendecido en la iglesia. El versículo termina otra vez con la nota universal: "Mi casa será llamada casa de oración para todos los pueblos".

Atalayas ciegos y perros mudos (56:9–57:2). En el Israel de aquel entonces, como a menudo sucede hoy, los pastores del rebaño de Dios eran como atalayas ciegos y perros mudos. Codiciaban las ganancias personales, en vez de cuidar a las ovejas.

Otra vez la idolatría (57:3-21). Una de las causas principales del cautiverio israelita en Babilonia fue la idolatría. En ese horno de aflicción ellos fueron purgados de su amor por los ídolos, así que desde entonces no han caído en ese mal, aunque antes de esa ocasión lo habían hecho frecuentemente desde los días del éxodo. Por tanto, el punto de vista del capítulo 57 data desde antes del exilio.

La gente de Judá había caído en la idolatría más aberrante al sacrificar a sus propios niños en los altares de los dioses falsos (v. 5). Eso todavía lo practican espiritualmente hoy aquellos que sacrifican sus hijos a las riquezas y los placeres.

Sin embargo, incrustada en este antecedente tan sombrío, hay una joya brillante: "Porque así dijo el Alto y Sublime, el que habita la eternidad, y cuyo nombre es el Santo: Yo habito en la altura y la santidad, y con el quebrantado y humilde de espíritu, para hacer vivir el espíritu de los humildes, y para vivificar el corazón de los quebrantados" (v. 15). El prerrequisito absoluto para el compañerismo con Dios es la humildad.

Esta sección del libro, como la anterior, termina con la expresión: "No hay paz, dijo mi Dios, para los impíos".

GLORIA FUTURA DEL PUEBLO
DE DIOS (capítulos 58–66)

El sufrimiento siempre precede a la gloria. Isaías sobresalió, por cierto, entre los profetas que "profetizaron de la gracia destinada a vosotros, inquirieron y diligentemente indagaron acerca de esta salvación, escudriñando qué persona y qué tiempo indicaba el Espíritu de Cristo que estaba en ellos, el cual anunciaba de antemano los sufrimientos de Cristo, y las glorias que vendrían tras ellos" (1 Pedro 1:10-11). Así que esta sección de la gloria futura sigue a la del Siervo Sufriente de Jehová. Todavía es cierto que el verdadero cristiano debe, como su Señor, experimentar primero el sufrimiento antes de que pueda gozar la gloria.

El ayuno y la observancia del día de reposo (capítulo 58)

El ayuno (vv. 1-12). El pueblo observaba la religión exteriormente, pero sus corazones estaban lejos de Dios. Ayunaban, pero lo hacían solo en forma legalista (vv. 3-4). Como acertadamente se ha observado, la Biblia no dice: "Orad y trabajad", sino: "Ayunad y orad". El único valor espiritual que hay en el ayuno consiste en la actitud de intenso deseo y sacrificio desinteresado que representa. No hay beneficio en el ayuno si empleamos el tiempo como siempre en el trabajo y los placeres. Tiene valor solo como un medio o ambiente para la oración concentrada e ininterrumpida. El ayuno no es una manipulación a la Deidad para obtener los resultados que deseamos. Eso es magia, tampoco es verdadera religión. Nosotros no forzamos a Dios con nuestro ayuno, pero podemos rogarle con más humildad y vehemencia.

Se indica que el verdadero ayuno (vv. 5-7) consiste de una actitud adecuada de amabilidad, justicia, generosidad y atención propia al compañerismo de familia ("no te escondas de tu hermano"). A veces es más fácil huir de la vida y recluirse que enfrentarse a ella con un verdadero espíritu de amor semejante al de Cristo.

El verdadero ayuno producirá luz, no oscuridad (vv. 8-12). Conllevará gozo y buena salud (v. 8). Traerá el resultado deseado:

La seguridad de que Dios oye nuestra oración (v. 9). Y nos garantiza el producto más importante de la oración, la dirección divina: "Jehová te pastoreará siempre" (v. 11).

La observancia del día de reposo (vv. 13-14). El día del Señor no es para trabajar o para divertirse, sino para descansar y adorar. El verdadero cristiano no leerá literatura secular, ni escuchará o tendrá diversiones seculares en el domingo. Hay tantos libros buenos y espirituales para leer, y tantas oportunidades para servir a otros, que no hay excusa para buscar nuestros propios "caminos" en el domingo.

El pecado y la salvación (capítulo 59)

El pecado (vv. 1-8). Los dos primeros versículos proclaman el principio importante de que la falta de salvación no se debe a la falta de poder de Dios ("no se ha acortado la mano de Jehová para salvar"), ni tampoco a la falta de deseo ("ni se ha agravado su oído para oír"), sino más bien por causa del pecado del hombre ("vuestras iniquidades han hecho división entre vosotros y vuestro Dios, y vuestros pecados han hecho ocultar de vosotros su rostro para no oír"). El pecado es lo único que separa al hombre de Dios.

La profundidad del pecado se describe en términos muy vívidos en los versículos 3-8. Los últimos dos versículos se citan en Romanos 3:15-17 en una figura del hombre natural, apartado de Dios.

Confesión (vv. 9-15). Consciente de sus pecados, Israel los confiesa a Dios. La confesión es el camino que conduce del pecado a la salvación.

Salvación (vv. 16-21). Aunque no había hombre que intercediera, Dios mismo elaboró la salvación. La confesión del pueblo preparó el camino para que él lo hiciera. Esta promesa se da para los que confían en él: "Porque vendrá el enemigo como río, mas el Espíritu de Jehová levantará bandera contra él" (v. 19).

Las bendiciones de la redención (capítulos 60–61)

Un evangelio de alcance mundial (capítulo 60). En este capítulo se presenta con más claridad el énfasis característico de Isaías en la universalidad de la redención. En el versículo 3 dice: "Y andarán las naciones a tu luz, y los reyes al resplandor de tu nacimiento". Otra vez clama: "las riquezas de las naciones hayan venido a ti" (v. 5). El mismo pensamiento se repite en el versículo 11. En otras palabras, la salvación de Israel resultaría en bendición espiritual para todo el mundo. Naturalmente, esta profecía ha tenido su cumplimiento solamente en Cristo y en la salvación que él ha proporcionado para todo el mundo. Las bendiciones derramadas sobre los judíos en tal abundancia y medida en el día del Pentecostés, pronto alcanzaron a todo el imperio romano. Dios prometió que la luz de su presencia nunca se apagaría (vv. 19-22).

Las bendiciones de la salvación (capítulo 61). El primer versículo y el principio del segundo fueron citados por Cristo en la sinagoga en Nazaret declarando que se cumplían en él (Lucas 4:16-21). Estos son otra descripción del Siervo de Jehová. Cristo se detuvo en el "año de la buena voluntad de Jehová", porque eso describía la salvación que él proporcionaba en su primera venida. El "día de venganza del Dios nuestro" se refiere a la segunda venida.

El plan y propósito de Dios era que todos los hijos de Israel fueran "sacerdotes de Jehová" y "ministros de nuestro Dios" (v. 6), y trajeran las bendiciones del cielo a todos los habitantes de la tierra. Pero ellos fallaron en su misión, excepto en proporcionar el Antiguo Testamento y el Mesías. Fue Cristo, el Siervo de Jehová, quien vino a ser el medio de salvación para todo el mundo.

La salvación de Israel (62:1–63:6)

Jerusalén restaurada (62:1-9). Dios promete que no descansará sino hasta que Jerusalén brille como una luz resplandeciente vista por todos los gentiles. Ella será "corona de gloria en la mano de Jehová" (v. 3). Jerusalén había sido como una viuda "desamparada", su tierra "desolada". Pero sería llamada Hefzi-bá, "mi deleite está en ella", y su tierra, Beula, "desposada" (v. 4). Se exhorta al pueblo a orar para que Jerusalén sea "alabanza en la tierra" (v. 7).

El pueblo santo (62:10-12). Cuando un camino se construya (véase 40:3), Dios vendrá rápidamente para traer salvación. Entonces su pueblo será llamado "Pueblo Santo, Redimidos de Jehová", y Jerusalén será llamada "Ciudad Deseada, no desamparada" (v. 12).

El día de venganza (63:1-6). Los tres primeros versículos de este capítulo a menudo se usan como la base para sermones evangelísticos sobre la muerte de Cristo, cuyos vestidos están manchados con su propia sangre, derramada para la salvación de los pecadores. Pero aun la lectura superficial del pasaje nos muestra que esta referencia es acerca de la destrucción de los enemigos de Dios. Es la sangre de ellos, no la de Cristo, la que se derrama. Este pasaje se aplica a la segunda venida de Cristo para juzgar, no a la primera cuando vino para ser sacrificado.

La oración de Israel (63:7–64:12)

Un llamamiento al pasado (63:7-19). Mediante sus oraciones los "siervos" del Señor (v. 17) llaman la atención a su trato maravilloso con el pueblo de Israel bajo la dirección de Moisés (vv. 11-14). Así como él había redimido a su pueblo de la esclavitud egipcia, también los debía restaurar del cautiverio babilónico. Aquí el punto de vista es definitivamente el del exilio. Las tribus necesitan retomar (v. 17), pues "nuestros enemigos han hollado tu santuario" (v. 18).

Los versículos 10 y 11 son de especial interés puesto que son el único lugar en el Antiguo Testamento donde la expresión "Espíritu Santo" se usa como el Espíritu de Dios, a excepción de Salmos 51:11.

Una petición para el presente (capítulo 64). A menudo las palabras del primer versículo han sido repetidas por aquellos que han sentido carga por un avivamiento: "¡Oh, si rompieses los cielos, y descendieras, y a tu presencia se escurriesen los montes...!" Y el versículo 4 muchas veces ha engendrado fe para bendiciones superiores a cualquier cosa esperada.

La figura del alfarero y el barro (v. 8) siempre ha tenido su atractivo. Jeremías desarrolló más vívidamente la figura que solo se menciona aquí.

El punto de vista del cautiverio babilónico parece indicarse con mucha claridad en los versículos 10 y 11: "Sion es un desierto, Jerusalén una soledad. La casa de nuestro santuario y de nuestra gloria (el templo de Salomón), en la cual te alabaron nuestros padres, fue consumida al fuego". La invasión asiria de los días de Isaías (siglo VIII a.C.) había causado mucha desolación a Judá. Pero el templo quemado, eso parece haber sido resultado de la destrucción de Jerusalén por los babilonios en el año 586 a.C.

Para muchos eruditos del Antiguo Testamento, eso fija la fecha para el "Segundo Isaías" (capítulos 40–66). Pero aquellos que aceptan la inspiración sobrenatural, no tienen dificultad en creer que el profeta pudo proyectarse a sí mismo, en el Espíritu, a través de dos siglos hasta los tiempos del cautiverio. El asunto básico aquí es creer o no creer en la inspiración divina. Sin embargo, debemos insistir en que, suponiendo que pusiéramos los escritos del "Deutero-Isaías" en el siglo VI, todavía quedan rasgos de visiones claras que penetran lo futuro desconocido, y que no pueden explicarse sobre una base meramente humana.

La respuesta de Dios (capítulos 65–66)

Un pueblo rebelde (65:1-16). "Extendí mis manos todo el día a pueblo rebelde" (v. 2). En vez de oír a Jehová, se hunden más profundamente en la idolatría (vv. 3-4). Y todavía dicen "soy más santo que tú" (v. 5).

Pero hay un remanente fiel (vv. 8-10). Son llamados "mis escogidos" y "mis siervos" (v. 9). Dios dará su tierra "para mi pueblo que me buscó" (v. 10).

Sin embargo, los rebeldes morirán. No solo no buscaron a Dios, sino que rehusaron responder cuando él los buscó (v. 12). Sus "siervos" serán protegidos, pero aquellos sufrirán castigo (vv. 13-15).

Nuevos cielos y nueva tierra (65:17-25). La edad mesiánica se describe como un tiempo de regocijo y de longevidad (vv. 18-20), de prosperidad y paz (vv. 21-25). Los humildes y los obedientes pueden reclamar la promesa: "Antes que clamen, responderé yo; mientras aún hablan, yo habré oído" (v. 24). El versículo 25 es un breve eco de la descripción más completa que hallamos en 11:6-9, cuando aun las bestias feroces no dañarán a ninguna otra criatura. Este lenguaje debe considerarse como un símbolo de la experiencia espiritual del cristiano santificado en nuestros días.

Para saber hasta qué grado será literal el cumplimiento de esta profecía durante el reino milenial sobre la tierra, tendremos que esperar para saberlo. Mientras tanto, lo principal es saber que el reino de Cristo se ha establecido completamente en nuestros corazones. Solo mediante una completa consagración a su voluntad podremos gozar ahora de estas bendiciones.

Mensaje final de consuelo (capítulo 66). La clave de este capítulo final la encontramos en el versículo 13: "Como aquel a quien consuela su madre, así os consolaré yo a vosotros". El amor divino se expresa así, en términos muy tiernos. Pero este consuelo se promete a aquel "que es pobre y humilde de espíritu, y que tiembla a mi palabra" (v. 2; véase v. 5).

La pregunta: "¿Nacerá una nación de una vez?" (v. 8), recibió una respuesta sorprendente el 15 de mayo de 1948, cuando la nueva nación de Israel, súbitamente y sin que nadie lo esperara, volvió a surgir después de casi exactamente dos mil años de una existencia no independiente (desde el año 63 a.C.). De seguro que todo está listo, como nunca antes en esta era, para la segunda venida de Cristo.

Pero la bendición futura para el pueblo de Dios en "los cielos nuevos y la nueva tierra" (v. 22), donde "todos" irán ante él para adorarle (v. 23), inevitablemente debe estar acompañada por el castigo de los malos. Las terribles palabras del último versículo de Isaías, "su gusano nunca morirá, ni su fuego se apagará", fueron repetidas por Cristo en su advertencia sobre el fuego del infierno (Marcos 9:47-48).

PARA ESTUDIO ADICIONAL

1. ¿Qué cambio de tono se nota en Isaías 40?
2. Discuta la unidad de Isaías.
3. ¿Cuál es el énfasis principal de los capítulos 40–48?
4. ¿Quién es el "Siervo de Jehová"?
5 Enumere todas las profecías específicas de Cristo en Isaías 53.
6. ¿Qué dice Isaías acerca del día de reposo?

NOTAS BIBLIOGRÁFICAS

1 George L. Robinson, *The Book of Isaiah*, p. 17.

2 *Ibid.*, p. 14.

3 *Ibid.*, p. 145.

3 EL PROFETA LLORÓN – JEREMÍAS

Jeremías 1–25

Nombre: Significa "a quien Jehová ha designado".
Ciudad natal: Anatot, unos 5 km al noreste de Jerusalén.
Fecha de su ministerio: 626–586 a.C.
Lugar de su ministerio: El reino del sur o Judá.

División del libro:
I. Profecías concernientes a Judá (capítulos 1–25).
II. Vida personal del profeta (capítulos 26–45).
III. Profecías concernientes a las naciones extranjeras (capítulos 46–51).
IV. Apéndice histórico (capítulo 52).

Versículos para memorizar: 6:16; 10:23; 17:7,9; 29:13; 33:3

INTRODUCCIÓN

El profeta Jeremías es uno de los personajes más peculiares del Antiguo Testamento. Sabemos más acerca de su personalidad que de la de cualquier otro profeta. Es tan peculiar que se le conoce universalmente como "el profeta llorón".

Hay varios pasajes en el libro que apoyan esta descripción. Entre ellos sobresale 9:1: "¡Oh si mi cabeza se hiciese aguas, y mis ojos fuentes de lágrimas, para que llore día y noche los muertos de la hija de mi pueblo!" La costumbre tradicional de adjudicar a Jeremías el libro de Lamentaciones también ha servido para confirmar esta característica.

El triste destino de este profeta fue contemplar la caída de su pueblo. Tuvo que ver a su pueblo en eclipse sin poder hacer nada para evitarlo. Él tuvo la triste e indeseable tarea de anunciar la caída de la nación y la destrucción de su capital. En tres oportunidades se le ordenó: "No ores por este pueblo" (7:16; 11:14; 14:11).

El ministerio profético de Jeremías coincidió con los postreros días del reino de Judá. Durante el reinado de sus últimos cinco reyes, el profeta suplicó en vano el arrepentimiento, lo único que podía salvar a la nación. Ante sus ojos llorosos Jerusalén fue destruida y Judá fue llevada al cautiverio.

Aunque Jeremías fue un profeta inspirado por el Espíritu, fue también intensamente humano. Las frecuentes notas autobiográficas en su libro revelan una personalidad sensible a las actitudes de quienes le rodeaban. Esto no fue señal de un carácter débil, porque lo mismo notamos en las epístolas de Pablo. Por el contrario, indican que estaba despierto y alerta.

Jeremías fue el profeta más perseguido. Una y otra vez leemos que fue castigado o puesto en prisión. Sacerdotes y profetas, los príncipes y el pueblo, todos se volvieron en su contra. Quizá en ocasiones le haya parecido a él que se trataba del antagonismo Jeremías contra el mundo. Solo Dios estuvo con él.

LLAMADO DEL PROFETA (capítulo 1)

El encabezado (vv. 1-3)

En cada uno de los libros de los 12 profetas menores, el primer versículo compone el encabezado, (el primer versículo de Abdías debería dividirse). Esto es cierto también en relación con Isaías. Pero en el caso de Jeremías y Ezequiel, el encabezado comprende los tres primeros versículos.

Jeremías es identificado como un profeta que vivió en Anatot.

Esta villa sacerdotal (Josué 21:18) era un suburbio al norte de la ciudad de Jerusalén. Esta última, originalmente estaba en "la tierra de Benjamín", y las fronteras de su tribu llegaban hasta el valle de Hinom, al sur de Jerusalén. Pero David la escogió como su capital (2 Samuel 5:6-9), y desde entonces se contó como parte de Judá.

Tres reyes se mencionan aquí: Josías, Joacim y Sedequías. El primero reinó por el año 638 hasta el 608 a.c. "El año decimotercero de su reino" sería entonces el 626 a.c. Joacim y Sedequías reinaron durante 11 años cada uno. Entre Josías y Joacim, y entre Joacim y Sedequías, un rey gobernó durante tres meses. Estos dos no se mencionan aquí. El reinado de Sedequías terminó con "la cautividad de Jerusalén" (v. 3) en el año 586 a.c. Como en el caso de Isaías, el ministerio activo de Jeremías duró 40 años.

El llamamiento (vv. 4-10)

A Jeremías se le notificó que había sido santificado (apartado) antes de su nacimiento y ordenado como "profeta a las naciones" (v. 5). Su ministerio llegaría más allá de Judá.

La reacción del joven profeta fue inmediata y enérgica: "¡Ah! ¡ah, Señor Jehová! He aquí, no sé hablar, porque soy niño" (v. 6). Este versículo no apoya la idea de "niños predicadores" de seis u ocho años de edad. Jeremías tenía probablemente 20 años de edad. Los levitas no debían ministrar sino hasta que tuvieran 30 años de edad (Números 4:3), y Jeremías sabía que no había alcanzado la edad requerida para hacer un ministerio público. Todavía era un "niño".

El ministerio de Jeremías era "para arrancar y para destruir, para arruinar y para derribar, para edificar y para plantar" (v. 10). Se debe limpiar el terreno antes de que una nueva estructura se levante. Todavía es así en la predicación evangelística.

Dos visiones (vv. 11-16)

Una vara de almendro (vv. 11-12). Esta simbolizaba el hecho que Dios pronto iba a castigar a su pueblo. "El árbol de almendro, es el primero que despierta en la primavera; así Jehová es como uno que despierta, levantándose para juzgar"[1].

Una olla hirviente (vv. 13-16). Esta visión significaba que el juicio vendría desde el norte. Puesto que los invasores provenientes desde el área mesopotámica venían por el Creciente Fértil, prácticamente llegaban a Palestina por el norte. Así que esto podía aplicarse a Babilonia.

La necesidad de tener valor (v. 17)

A Jeremías se le advirtió que su predicación se enfrentaría con ruda oposición. Pero Dios estaría con él. El profeta debería tener valor para enfrentarse a la gente.

TRAICIÓN DE JUDÁ (capítulos 2–6)

Pecados gemelos (2:1–3:5)

Dejaron a Dios (2:1-13). El versículo 13 une las dos partes del capítulo 2: "Porque dos males ha hecho mi pueblo: me dejaron a mí, fuente de agua viva, y cavaron para sí cisternas, cisternas rotas que no retienen agua". Ellos habían dejado a Dios para buscar alianzas extranjeras que no les podían ayudar.

En la primera parte del capítulo, se les acusa de idolatría. Cambiaron al verdadero Dios, quien milagrosamente les liberó de la esclavitud egipcia (v. 6), por los dioses falsos de los paganos (v. 11). Eso fue un error.

Buscaron alianzas extranjeras (2:14–3:5). En vez de confiar en Dios, el pueblo de Judá se volvía al sur, a Egipto, o al norte, a Asiria (2:18). "El río" en el Antiguo Testamento generalmente se refiere al Éufrates, en la vecindad del cual estaba ubicada Asiria. Judá rechazaba "la fuente de agua viva", para beber de estos ríos. El hombre no puede lavar sus propios pecados, no importa qué tan intensamente trate de hacerlo (2:22). La idolatría era el pecado dominante de Israel. Salomón introdujo la adoración a Baal

(2:8), el dios principal de los fenicios. El plural "baales" (2:23) se usa a menudo para referirse a los dioses masculinos en general, mientras que Astarot (plural femenino) se refiere a las diosas. Tan prevaleciente había llegado a ser la idolatría, que el profeta pudo decir: "Según el número de tus ciudades, oh Judá, fueron tus dioses" (2:28).

Como Asiria no les había ayudado (véase Isaías), ahora se volvían a Egipto. Jeremías pregunta en medio de la desesperación: "¿Para qué discurres tanto, cambiando tus caminos? También serás avergonzada de Egipto, como fuiste avergonzada de Asiria" (2:36). La inconsistencia de Judá era patética.

La idolatría se compara con la fornicación (3:1-5; véase 2:20). Oseas también había acusado a Israel de adulterio espiritual.

La rebelde Judá (3:6–4:2)

Judá peor que Israel (3:6-11). Esta sección registra el segundo mensaje profético, dado "en días del rey Josías" (v. 6). Evidentemente, la reforma nacional instituida por Josías después del descubrimiento de la ley en el templo (2 Reyes 22–23), había sido superficial. Judá es acusada de no haberse vuelto al Señor "de todo corazón, sino fingidamente" (v. 10).

Aunque Judá tenía delante de ella la advertencia del fracaso que cien años antes había sufrido el reino del norte o Israel (en el año 722 a.C.), Judá continuaba en su idolatría (fornicación, v. 8). En relación a Israel, es llamada dos veces "su hermana la rebelde Judá" (vv. 7-8). El Señor declara por medio de su profeta: "Ha resultado justa la rebelde Israel en comparación con la desleal Judá" (v. 11).

Un llamado a la rebelde Israel (3:12–4:2). Al profeta se le ordena ir y clamar "estas palabras hacia el norte" (Israel). Se da la invitación al remanente, los que no habían ido al cautiverio, para que volvieran al Señor (3:12). Si reconocieran su pecado, él sería misericordioso con ellos (3:13). La lección de esta declaración es que la confesión trae perdón.

El día del Señor (4:3-31)

Un llamado al arrepentimiento (vv. 3-4). Una vez más el profeta se dirige a Jerusalén y Judá. Su clamor es: "Arad campo para vosotros". El suelo duro e incultivable de sus corazones necesitaba ser arado con oración y rastrillado con arrepentimiento.

El látigo del norte (vv. 5-18). La olla hirviente (1:13) está a punto de derramar su furia desde el norte en "quebrantamiento grande" (v. 6). Sería una invasión espantosa "que subirá como nube, y su carro como torbellino; más ligeros son sus caballos que las águilas" (v. 13). La única esperanza de escapar es apartándose del pecado (v. 14). El castigo sobre Judá es justo: "Tu camino y tus obras te hicieron esto" (v. 18).

Destrucción total (vv. 19-31). Este pasaje contiene una de las descripciones más vívidas de gran destrucción que se encuentran en la Biblia. La expresión "asolada y vacía" se encuentra solo aquí (v. 23) y en Génesis 1:2, donde se describe el primer caos. El efecto de este cuadro terrible en Jeremías fue una profunda agonía de corazón (v. 19). El verdadero profeta siempre paga el precio con sufrimiento debido a los pecados del pueblo.

Se necesita un hombre (capítulo 5)

Este ha sido llamado a veces "el capítulo de Diógenes". Así como este filósofo griego caminaba por las calles de Atenas durante el día con una linterna encendida, buscando un hombre honesto, al profeta se le ordenó buscar por las calles de Jerusalén un hombre íntegro. Si lo encontraba, Dios perdonaría a la ciudad.

Pero Israel y Judá "resueltamente se rebelaron" en contra del Señor (v. 11). Rechazaron sus advertencias y declararon que el mal no los alcanzaría (v. 12). Como respuesta, Dios repitió la amenaza de la invasión (v. 15). Esta vendría a causa de su idolatría (v. 19). Luego viene este lastimero clamor: "Vuestras iniquidades han estorbado estas cosas, y vuestros pecados apartaron de vosotros el bien" (v. 25). Cada pecador se engaña a sí mismo.

La profundidad del pecado de Judá (capítulo 6)

A los hijos de Benjamín que vivían en Jerusalén se les ordenó huir hacia el sur, a Tecoa, una villa de pastores a 19 km al sureste de la capital, donde vivió el profeta Amós. Un fuego se encendería como señal sobre la tierra de Bet-haquerem para guiarles: "Porque del norte se ha visto mal, y quebrantamiento grande" (v. 1).

La abundancia del pecado de Judá se describe así: "Como la fuente nunca cesa de manar sus aguas, así ella nunca cesa de manar su maldad" (v. 7). Toda la gente, aun los sacerdotes y los profetas, son malos (v. 13). Los profetas, como falsos doctores, "curan la herida de mi pueblo con liviandad, diciendo: Paz, paz; y no hay paz" (v. 14). Mientras Jeremías clamaba: "¡Guerra!" (vv. 4-6), los profetas falsos calmaban al pueblo diciendo: "Paz".

La expresión: "Ni aun saben tener vergüenza" (v. 15; véase 8:12) expresa la actitud temeraria de la gente, tan a menudo reflejada hoy. Jeremías les rogó que preguntaran "por las sendas antiguas" (v. 16), pero ellos se rehusaron. Por tanto serían llamados "plata desechada", porque Dios los había rechazado (v. 30).

CONFIANZA FALSA EN EL TEMPLO (capítulos 7–10)

El sermón del templo (7:1–8:3)

El primer versículo de esta sección indica que un mensaje nuevo e importante está a punto de presentarse. Al profeta se le ordena dar este sermón "a la puerta de la casa de Jehová".

Se le informa al pueblo que lo único que le salvaría de la destrucción sería un arrepentimiento genuino: "Mejorad vuestros caminos y vuestras obras, y os haré morar en este lugar" (v. 3). No era demasiado tarde para evitar el cautiverio.

La gente de Jerusalén poseía un sentido falso de seguridad porque el templo estaba allí (v. 4). Puesto que este era inviolable, la ciudad estaba a salvo. Pero Jeremías les advierte que el primer altar sagrado en Silo estaba ahora en ruinas (v. 12). La misma destrucción llegaría al templo (v. 14). La gente de Judá iría al cautiverio tal como Israel (v. 15). Dios ordena a Jeremías no orar por ellos porque él no le oiría (v. 16).

Los versículos 22 y 23 son un comentario excelente de las palabras de Samuel: "El obedecer es mejor que los sacrificios" (1 Samuel 15:22). Jeremías predicaba una religión espiritual en vez de una formal.

La gente en los días de Jeremías era, en un sentido muy peculiar, "objeto de su ira" (v. 29). Ellos serían echados de su tierra. Pero su castigo iba de acuerdo con su maldad. Levantaron ídolos en la casa misma de Dios (v. 30). Descendieron a la profundidad de la idolatría, ofreciendo a sus propios niños en el fuego de Moloc. El valle de Hinom, al sur de Jerusalén, vendría a ser el "Valle de la Matanza" (vv. 31-33). "Su santuario se convertiría en su cementerio"[2].

Desobediencia e idolatría (8:4–10:25)

Rebeldía perpetua (8:4-9). El pueblo de Israel se alejaba constantemente de Dios, deslizándose hacia el borde del abismo. A pesar de todo lo que el profeta pudiera hacer, ellos no querían "volverse" (v. 5).

Doctores falsos (8:10-22). Una vez más el Señor dice: "Curaron la herida de la hija de mi pueblo con liviandad, diciendo: Paz, paz; y no hay paz" (v. 11). Y luego pregunta: "¿No hay bálsamo en Galaad? ¿No hay allí médico? ¿Por qué, pues, no hubo medicina para la hija de mi pueblo?" (v. 22).

El profeta llorón (9:1-8). El profeta se siente embargado por el sufrimiento al ver que el pueblo se acarrea a sí mismo tal castigo por causa de su pecado. El pecado principal de ellos es el engaño (vv. 3-8).

Un Dios ofendido (9:9-26). Jerusalén y Judá serían convertidas en desolación (v. 11). Sus habitantes serían esparcidos entre las naciones (v. 16). La verdadera sabiduría consiste en conocer a Dios (v. 24).

La insensatez de la idolatría (capítulo 10). Casi en cada capítulo el pueblo de Judá es acusado de adorar dioses paganos. Pero este es uno de los pasajes más largos que habla acerca de la impotencia de los ídolos en contraste con la omnipotencia de Jehová (vv. 2-16).

La sección termina con otra predicción de la invasión del norte, la cual vendrá "para convertir en soledad todas las ciudades de Judá, en morada de chacales" (v. 22). Las nubes de la guerra se mueven muy bajas durante todo el ministerio de Jeremías.

EL PACTO DE DIOS (capítulos 11–12)

Es probable que la mención que se hace aquí del pacto de Dios con Israel, se refiera al hallazgo del libro de la ley en el templo, que resultó en la reforma religiosa de Josías en el año 621 a.C. Así que esta profecía posiblemente se pronunció cerca del principio del ministerio de Jeremías.

Un pacto quebrantado (11:1-10)

En el monte Sinaí, Dios hizo el pacto con su pueblo para darles la tierra prometida (v. 5). Pero ellos habían quebrantado el pacto (v. 10), por tanto, habían perdido el derecho a vivir en Canaán.

Demasiado tarde para orar (11:11-17)

Por segunda vez Dios ordena a Jeremías que no ore por el pueblo. Ellos rehusaron oírle, así que él rehusaría oír sus oraciones en los momentos difíciles (11:14).

La conspiración en contra de Jeremías (11:18-23)

Los hombres de Anatot, su pueblo natal, tramaron un complot secreto en contra de Jeremías. El profeta era como un cordero conducido al matadero hasta que Dios le reveló los planes de los conspiradores. No pasaría mucho tiempo sin que ellos fueran sorprendidos por el enemigo al invadir a Jerusalén y destruirlos a ellos.

La prosperidad de los impíos (12:1-16)

El problema que afrontaba Jeremías era un problema antiguo: "¿Por qué es prosperado el camino de los impíos, y tienen bien todos los que se portan deslealmente?" El profeta ruega que se le dé permiso para discutir el asunto con Dios (v. 1).

La respuesta de Dios se da en lenguaje simbólico (v. 5): "Si corriste con los de a pie, y te cansaron, ¿cómo contenderás con los caballos? Y si en la tierra de paz no estabas seguro, ¿cómo harás en la espesura del Jordán?" El problema de Jeremías era cómo competir con otros corredores. ¿Cómo podría competir con caballos? Esto es, ¿cómo podría afrontar verdaderas dificultades? Si en el campo raso y tranquilo se fatigaba, ¿qué haría en la jungla enmarañada y sin caminos del Jordán, las dificultades más serias que le esperaban en lo futuro? La conspiración de los hombres de Anatot era insignificante en comparación con las que habrían de venir.

El lamento divino (12:7-17)

Al mismo tiempo que Jehová contempla la triste caída de su pueblo, expresa su sentir por medio del profeta con estas dolientes palabras. Dios se había visto obligado a apartarse de su casa y de su heredad.

CINCO ADVERTENCIAS (capítulo 13)

El cinto podrido (vv. 1-11)

Una de las características sobresalientes del ministerio de Jeremías fue la de las parábolas expresadas mediante acciones. Dios ordenó al profeta que comprara un cinto de lino, que lo usara y que lo escondiera en el agujero de una roca en el "Éufrates". (Difícilmente se refería al río Éufrates, que está a más de 400 km de ese lugar, probablemente se refería a un pueblo pequeño con el mismo nombre hebreo, ubicado a 5 km de distancia.) Cuando Jeremías volvió a buscar el cinto, se había podrido y no servía para nada. El cinto era un símbolo de Israel y Judá, a quienes Jehová había tomado para sí, pero ahora "para ninguna cosa" eran "buenos" (v. 10).

Las tinajas llenas de vino (vv. 12-14)

Dios dijo que todas las tinajas debían llenarse de vino. La gente, interpretando esto como prosperidad, estuvo de acuerdo. Pero el significado divino era que la gente estaría tan ebria que no podría defenderse a sí misma. Serían lanzados unos contra otros como vasijas de barro hechas pedazos.

El orgullo del pueblo (vv. 15-17)

El orgullo siempre precede a la destrucción (véase Proverbios 16:18). Esta fue una de las causas principales de la caída de Judá.

El orgullo real (vv. 18-20)

Al rey y la reina, quizá Joacim y su madre (597 a.C.), se les ordenó que se humillaran. Su reino sería destruido por la invasión que alcanzaría hasta las ciudades del Neguev.

El pecado incambiable (vv. 21-27)

Judá no podía dejar su pecado, así como los etíopes no podían cambiar su piel oscura ni el leopardo sus manchas (v. 23). Solo Dios podía limpiar a Jerusalén, y ella se rehusaba.

SÍMBOLOS DE LA CAÍDA (capítulos 14–21)

La sequía (capítulos 14–15)

La sequía es una de las calamidades más grandes en el oriente, donde puede ser causa de inanición entre las masas. Aunque en algunos países las sequías han causado pobreza, el sufrimiento ha sido limitado. Sin embargo, la descripción en 14:1-6 de que "no había hierba" para alimentar a los animales, podría ser familiar para algunos.

A pesar de la advertencia por medio de la sequía, la cual era solo un símbolo de la destrucción que se aproximaba, los falsos profetas decían a la gente que no habría espada ni hambre (14:13).

Una vez más captamos un vislumbre del profeta llorón: "Derramen mis ojos lágrimas noche y día" (14:17).

La seriedad del pecado de Judá se indica muy claramente por la afirmación del Señor: "Si Moisés y Samuel se pusieran delante de mí, no estaría mi voluntad con este pueblo; échalos de mi presencia, y salgan" (15:1). Estos dos, los intercesores más notables del Antiguo Testamento, no hubieran podido evitar con sus intercesiones que el castigo de Dios descendiera sobre Judá y Jerusalén.

Una de las causas principales del cautiverio babilónico fue el reinado malvado de Manasés (15:4), hijo de Ezequías, quien condujo a la nación a una idolatría espantosa (2 Reyes 21:1-18). Puesto que el pueblo se apartó de Dios, él se apartó de ellos.

Jeremías lamentaba que él hubiera nacido un "¡... hombre de contienda y hombre de discordia para toda la tierra!" A pesar de que no se había visto envuelto en préstamos de dinero, una de las causas más comunes de disensión, todos le maldecían (15:10). Pero él encontró consuelo en la palabra de Dios: "Fueron halladas tus palabras, y yo las comí; y tu palabra me fue por gozo y por alegría de mi corazón" (15:16).

Una vez más, como en su llamado inicial (1:17-19), a Jeremías se le advierte que tendrá que afrontar fiera oposición (15:20). Pero también una vez más se le promete protección y liberación.

El celibato del profeta (capítulo 16)

Dios le ordenó a Jeremías que no tomara esposa (v. 2). Su celibato sería una señal de los horrores que vendrían a las esposas y a los niños en la destrucción que se aproximaba.

También le fue prohibido entrar a casa de luto (v. 5) ni a la casa de banquete (v. 8). Lo primero simbolizaba que los que perecieran no serían llorados. Lo segundo, por consiguiente, significaba que el gozo y la alegría pronto cesarían debido al cautiverio.

Cuando la gente preguntara por qué serían castigados tan severamente (v. 10), el profeta debería expresarles que era porque habían dejado a Jehová para adorar a otros dioses (v. 11). La idolatría fue la causa principal del cautiverio babilónico. Allí ellos se hartarían de idolatría (v. 13), hasta que fueran curados para siempre. Ese fue el resultado sobresaliente del exilio.

Lo indeleble del pecado de Judá (17:1-18)

"El pecado de Judá escrito está con cincel de hierro y con punta de diamante" (v. 1). Dios describe así lo indeleble del pecado de su pueblo. Por causa del pecado la caída de Judá era inevitable.

"Maldito el varón que confía en el hombre" (v. 5), era otra advertencia en contra de alianzas con extranjeros. "Bendito el varón que confía en Jehová" (v. 7), era un llamado para depender solo en él. El lenguaje del versículo 8 es muy semejante al de Salmos 1:3.

Jeremías tenía sobrada razón para llorar: "Engañoso es el corazón más que todas las cosas, y perverso; ¿quién lo conocerá?" (v. 9). La única respuesta es: "Yo Jehová, que escudriño la mente, que pruebo el corazón" (v. 10). Una persona no puede conocer ni aun su propio corazón, sino hasta que el Espíritu de Dios se lo revele.

La violación del día de reposo (17:19-27)

A Jeremías se le ordena actuar como centinela en todas las puertas de Jerusalén para advertir a la gente que no lleve cargas en día de reposo. Si ellos escuchaban su mensaje, la prosperidad y la paz de la ciudad estarían garantizadas. Si ellos rehusaban obedecer, la ciudad sería destruida por fuego. Esto último tuvo lugar en el año 586 a.C.

La vasija de barro rajada (capítulo 18)

Obedeciendo al mandato de Dios, Jeremías descendió a la casa del alfarero. Mientras observaba, una vasija de barro se echó a perder en las manos del alfarero, pero este la volvió a hacer como le pareció mejor. Por medio de esta ilustración, Jeremías recibió un mensaje para sus oyentes: Aunque ellos habían sido quebrantados por causa de su desobediencia, por medio del arrepentimiento podrían volver a ser moldeados de acuerdo a los planes de Dios. Lo mismo, por supuesto, se aplica a cada individuo.

Una vez más el profeta se enfrenta a la oposición. La gente decía: "Venid y maquinemos contra Jeremías... Venid e hirámoslo de lengua, y no atendamos a ninguna de sus palabras" (v. 18).

La vasija de barro quebrada (capítulo 19)

Dios ordenó al profeta que tomara una vasija de barro y llevara a algunos de los ancianos y sacerdotes al valle de Hinom, y allí debía quebrar la vasija delante de sus ojos (v. 10). Luego tenía que decirles que así Dios quebrantaría a Judá y a Jerusalén (v. 11). Una vez más él predice que el valle de Hinom se convertiría en el Valle de la Matanza (v. 6).

Pasur, el sacerdote (capítulo 20)

No era nada nuevo para el profeta entrar en conflicto con los sacerdotes. Pero, Pasur, el gobernador principal de la casa del Señor, era perverso en extremo. Castigó a Jeremías y lo puso en el cepo que estaba cerca del templo (v. 2), donde todo el pueblo podía ver su desgracia.

Cuando Pasur puso al profeta en libertad el día siguiente, Jeremías tenía unas palabras muy significativas que decirle.

Hizo la predicción más definida que hubiera hecho hasta entonces: "A todo Judá entregaré en manos del rey de Babilonia, y los llevará cautivos a Babilonia, y los matará a espada" (v. 4). Dio por entendido que Pasur y su familia serían llevados a Babilonia y morirían allá.

Luego viene uno de los frecuentes pasajes autobiográficos del libro (vv. 7-18). Jeremías se queja de ser escarnecido cada día, diciendo que todos se burlan de él (v. 7). Decidió no hablar más en el nombre del Señor, "no obstante, había en mi corazón como un fuego ardiente metido en mis huesos; traté de sufrirlo, y no pude" (v. 9).

Mientras tanto sus amigos estaban observándolo, esperando la oportunidad para atraparle y vengarse por causa de su predicación (v. 10). Pero él tenía la seguridad de que Dios estaba con él "como poderoso gigante" (v. 11). Alabó al Señor (v. 13), pero en su próxima frase maldijo el día de su nacimiento (v. 14). En esto nos recuerda a Job (Job 3:1-10).

El sitio babilónico (capítulo 21)

Esta profecía nos conduce hacia el fin del ministerio de Jeremías. El sitio de Jerusalén había comenzado ya (v. 4).

Sedequías, el último rey de Judá, envió mensajeros para pedir a Jeremías que orara para que Nabucodonosor se retirara de Jerusalén. Pero el profeta le contestó que Dios estaría peleando del lado de los babilonios (vv. 4-6). Luego predice que tanto el rey como el pueblo serían llevados cautivos por Nabucodonosor (v. 7).

Jeremías presenta entonces el asunto rotundamente: "He aquí pongo delante de vosotros camino de vida y camino de muerte" (v. 8). Los que quedaran en la ciudad perecerían a espada, por hambre o pestilencias. Solo los que se entregaran a los babilonios vivirían (v. 9), porque el rey de Babilonia tomaría la ciudad y la quemaría (v. la). Por supuesto, esto parecía una traición.

ÚLTIMOS REYES Y PROFETAS DE JUDÁ (capítulos 22–25)

Los reyes (capítulo 22)

Introducción (vv. 1-9). Dios ordenó a Jeremías que fuera a la casa del rey de Judá para dar un mensaje. Es una exhortación general a reinar justamente, con la seguridad de que el resultado sería la continuación de la dinastía de David en el poder. Rehusarse a obedecer significaría la destrucción de Jerusalén (vv. 8-9).

Joacaz (vv. 10-12). La orden era: "No lloréis al muerto", o sea a Josías, a quien el faraón Necao mató en el año 608 a.C. en Meguido. Más bien deberían llorar por Joacaz, llamado aquí Salum, quien después de reinar solo tres meses fue llevado a Egipto. El rey murió allá en el exilio.

Joacim (vv. 13-23). Este rey gobernó durante 11 años. Fue malo, ambicioso (v. 13) y orgulloso (v. 14). Su padre, Josías, había sido bueno (vv. 15-16). Así que Dios no proclamó luto por él (v. 18), sino sepultura de asno, sin funeral (v. 19).

Joaquín (vv. 24-30). Este rey llamado aquí Conías sucedió a Joacim, pero reinó solo tres meses. Luego Nabucodonosor lo hizo llevar cautivo a Babilonia (597 a.C.), y lo liberaron 37 años más tarde.

Los profetas (capítulo 23)

Pastores del rebaño (vv. 1-8). Hay cierta duda aquí acerca del término "pastores", si se refiere a reyes o a profetas. El título puede aplicarse a ambos. Quizá la razón principal para interpretarlo como una referencia a reyes sea la promesa de que Dios levantará de la línea de David "renuevo justo", el cual será llamado "Jehová, justicia nuestra". El pasaje es sin duda mesiánico.

Profetas falsos (vv. 9-40). Jeremías expresa en lenguaje bastante fuerte su profunda inquietud por los profetas falsos. Su corazón está quebrantado, sus huesos tiemblan y se siente como un ebrio (v. 9).

La vida religiosa de Judá estaba en un nivel muy bajo cuando "tanto el profeta como el sacerdote" eran "impíos" (v. 11). Los profetas de Samaria habían guiado al reino del norte o Israel a la adoración de Baal (v. 13). Los profetas de Jerusalén cometieron adulterio, dijeron mentiras y animaron a los malhechores. Ante los ojos de Dios ellos eran como Sodoma y Gomorra (v. 14). Profanaron toda la tierra (v. 15), y todavía predecían paz (v. 17). Dios no los había enviado (v. 21). Él se oponía a que usaran la expresión "profecía de Jehová" (vv. 33-40); su uso pertenecía solo a los mensajes divinos dados por medio de los profetas verdaderos.

Higos buenos e higos malos (capítulo 24)

Después de que Nabucodonosor llevó a Joaquín, llamado aquí Jeconías, cautivo a Babilonia en el año 597 a.C., juntamente con los príncipes y los obreros especializados, Jeremías tuvo otra visión simbólica. Vio dos canastas de higos, una con higos muy buenos y la otra con higos muy malos. Le dijo Jehová que los higos buenos representaban a aquellos que ya habían sido llevados al cautiverio, los cuales se volverían a Dios (vv. 5-7). Los higos malos representaban a Sedequías y la gente de Jerusalén, juntamente con aquellos que ya habían ido a Egipto (v. 8). Acerca de estos últimos no sabemos nada definido, aunque parece que habían sido llevados por el faraón Necao, juntamente con Joacaz. Aquellos que estaban representados por los higos malos serían esparcidos y destruidos (vv. 9-10).

La visión del fin (capítulo 25)

"El año cuarto de Joacim" y "el año primero de Nabucodonosor", sería el año 605 a.C. En ese año tuvo lugar la batalla decisiva de Carquemis, en la cual los babilonios derrotaron a los egipcios terminando así el dominio del faraón Necao sobre Palestina. Por tanto, la amenaza de Judá era Babilonia.

El ministerio de Jeremías se había extendido desde "el año trece de Josías" (626 a.C.). Los "veintitrés años" (v. 3) serían entonces, de acuerdo a la costumbre hebrea de incluir el primer año y el último, el año 605 a.C. El profeta recuerda al pueblo su celo y fiel predicación.

Una vez más Jeremías predice definitivamente que Nabucodonosor, rey de Babilonia, destruirá a Judá. Sin embargo, su predicción más sorprendente es que el cautiverio duraría "setenta años" (v. 11).

Después de los 70 años, Dios castigaría a los babilonios (vv. 12-13). La tierra de los caldeos se volverá "en desiertos para siempre" (v. 12). Esto se ha cumplido al pie de la letra.

Jeremías se ve a sí mismo como tomando la copa del vino de la ira de Dios y haciendo que todas las naciones la beban (vv. 15-28). Estas incluían a Judá (v. 18) ya todas las naciones circunvecinas enumeradas aquí en detalle. Después de que Dios terminara de castigar a su propia ciudad, Jerusalén, también castigaría a las otras naciones (v. 29).

La expresión "Jehová rugirá desde lo alto" (v. 30) es casi idéntica a las palabras introductorias de la profecía de Amós (1:2), quien había profetizado siglo y medio antes en el reino del norte o Israel.

Esta sección termina con el lamento por la futura caída de Jerusalén. El fin estaba a la vista.

PARA ESTUDIO ADICIONAL

1. ¿Dónde y cuándo profetizó Jeremías?
2. ¿Por qué se le llama "el profeta llorón"?
3. ¿Cuál fue la carga principal del ministerio de Jeremías?
4. ¿Por qué al capítulo 5 a veces se le llama "el capítulo de Diógenes"?
5. ¿Cuál era el pecado dominante de Judá en los días de Jeremías?
6. Discuta las lecciones del cinto podrido, la vasija echada a perder, la vasija quebrada, y los higos buenos y los higos malos.

NOTAS BIBLIOGRÁFICAS

1 *New Bible Commentary*, F. Davidson, editor (Grand Rapids: Wm. B. Eerdmans Publishing Co., 1953), p. 611.

2 *Ibid.*, p. 615.

4 EL PROFETA DEL CASTIGO

Jeremías 26–52
Lamentaciones 1–5

VIDA PERSONAL DEL PROFETA (capítulos 26–45)

Los primeros 25 capítulos, casi la primera mitad, del libro de Jeremías consisten de profecías en contra de Judá. La segunda parte del libro se ocupa mayormente de narrativas históricas, con la principal excepción de la sección que incluye profecías contra naciones extranjeras.

Los sacerdotes y profetas contra los príncipes y el pueblo (capítulo 26)

Esta profecía está fechada (v. 1) al principio del reinado de Joacim (608 a.C.). Se le ordenó a Jeremías pararse en la casa de Dios y advertir a los adoradores que si ellos no se volvían de sus malos caminos, el templo de Jerusalén sufriría la misma suerte que el tabernáculo en Silo (v. 6). Este último había sido el centro de adoración durante los días de los jueces. La arqueología ha descubierto que Silo fue destruida por incendio a mediados del siglo XI a.C., que confirma el cuadro presentado en 1 Samuel y también la referencia de Jeremías a su condición en ruinas en sus días[1].

La declaración del profeta de que Jerusalén sería destruida (v. 6) se consideró un acto de traición por el cual debía morir (v. 8). Esto provocó un levantamiento popular (v. 9).

La casa del rey (v. 10) estaba ubicada al sur del área del templo. Al oír el clamor, los príncipes pronto aparecieron en el templo y se convocó a una sesión extraordinaria de la corte. Los sacerdotes y los profetas actuaron como abogados acusadores, pidiendo la pena de muerte (v. 11). Los príncipes y el pueblo constituían el juez y el jurado. La única defensa del acusado era que Dios lo había enviado a profetizar (v. 12). En su defensa incluyó una súplica de arrepentimiento (v. 13).

En esta ocasión Jeremías fue más afortunado que en otras. Los príncipes y el pueblo rechazaron la acusación de los sacerdotes y lo declararon inocente (v. 16).

La supremacía de Babilonia (capítulos 27–29)

Sumisión a Babilonia (capítulo 27). El primer versículo de este capítulo lleva la misma fecha que aparece al comienzo del capítulo anterior: "En el principio del reinado de Joacim". Pero los versículos 3 y 12 y 28:1, demuestran que se refiere a Sedequías. Young, el erudito más distinguido del Antiguo Testamento, dice: "Evidentemente, la palabra 'Joacim' en el versículo 1 se usó erróneamente por los escribas en lugar de 'Sedequías'2". Cawley está de acuerdo con esto cuando dice: "Casi seguro que es un error de los escribas"[3].

Dios ordenó a Jeremías que se hiciera coyundas y yugos para usar en el cuello (v. 2) y que los enviara a los reyes de Edom, Moab y Amón, todos ellos al este de Palestina, y a los reyes de Tiro y Sidón, al norte. Con ellos debía ir el mensaje de que todos estos reyes se someterían al gobierno de Nabucodonosor. La nación que no estuviera bajo sujeción sufriría castigo (v. 8), mientras que a aquellos que se sometieran, les sería permitido permanecer en sus propias tierras. Babilonia era la potencia escogida por Dios para este período (v. 6), y la paz vendría solo por la sumisión a su gobierno.

El mismo mensaje se dio específicamente a Sedequías, el rey de Judá (vv. 12-15). Este mismo énfasis se repite varias veces en el libro.

Los profetas falsos le decían al pueblo que los utensilios del templo que habían sido llevados a Babilonia serían devueltos pronto (v. 16). Jeremías lanzó este desafío: Si los profetas falsos tenían razón, que impidieran que llevaran a Babilonia el resto de los muebles del templo (v. 18). Pero el hecho era que Nabucodonosor pronto se los llevaría (vv. 19-22).

Jeremías contra Hananías (capítulo 28). "En el principio del reinado de Sedequías" (598 a.c.), evidentemente el mismo tiempo del capítulo 27, Hananías, un profeta falso, desafió la posición de Jeremías. Este falso profeta afirmó que Dios había dicho: "Quebranté el yugo del rey de Babilonia. Dentro de dos años haré volver a este lugar todos los utensilios de la casa de Jehová" (vv. 2-3). También predijo que Jeconías (Joaquín), quien fuera llevado cautivo después de un reinado de tres meses (597 a.c.), junto con los otros cautivos en Babilonia, sería devuelto a Judá (v. 4).

Entonces Hananías quitó el yugo de madera que Jeremías tenía en el cuello y lo quebró (v. 10), declarando que Dios rompería así, dentro de dos años, el yugo de Nabucodonosor en todas las naciones (v. 11). Jeremías respondió que Dios pondría un yugo de hierro en el cuello de todas estas naciones y las obligaría a servir a Nabucodonosor (v. 14); y también predijo que Hananías moriría ese mismo año. Cuando sucedió esto, la gente debió reconocer que Jeremías hablaba, sin lugar a dudas, en el nombre de Dios.

Un mensaje a los cautivos (capítulo 29). El profeta envió una carta a los habitantes de Judá que fueron llevados a Babilonia por Nabucodonosor en el año 597 a.C. Les dijo que edificaran casas, que plantaran jardines, que se casaran y que se establecieran allá (vv. 5-7). Que los profetas que les habían dicho que pronto retornarían a Judá los habían engañado (vv. 8-9). Una vez más (véase 25:11) Jeremías predijo que el cautiverio babilónico duraría 70 años (v. 10). Después de eso vendrían la paz y la restauración (vv. 11-14).

Dos de los profetas falsos de Babilonia se conocen por nombre, Acab (v. 21) y Semaías (v. 24). Este último había llegado al extremo de enviar cartas de Babilonia a Jerusalén, instando a los sacerdotes que callaran a Jeremías, porque había aconsejado a los cautivos que aceptaran su condición, la cual duraría largos años (vv. 27-28).

Alborada a medianoche (capítulos 30–33)

Esta es la única sección extensa de Jeremías que está llena de mensajes de esperanza, consuelo y gloria futura. Se levanta como la cumbre de una montaña sobre la niebla de oscuridad y juicio en los valles circunvecinos.

El capítulo 32 está fechado "el año décimo de Sedequías rey de Judá" (v. 1), y se cree que toda la sección pertenece a ese tiempo. Esto es, justamente un año antes de que Jerusalén cayera en el año 587 ó 586 a.C.

Así que estos capítulos se escribieron en la medianoche de la historia de Judá. El profeta estaba en prisión, el rey estaba sellando el castigo de la nación con su desobediencia, el hacha del verdugo estaba a punto de caer. Pero en esta hora tan oscura, la luz brilla con más intensidad en los escritos de Jeremías cuando él vislumbra un futuro glorioso.

Jacob retornará (capítulos 30–31). Aquí encontramos la primera referencia a la escritura en Jeremías. Dios ordena al profeta: "Escríbete en un libro todas las palabras que te he hablado" (30:2). El propósito era que cuando el pueblo volviera del cautiverio, tuviera una prueba de que en verdad Dios había hablado por medio de su profeta (v. 3).

La clave de esta sección la encontramos en 30:10: "Tú, pues, siervo mío Jacob, no temas, dice Jehová, ni te atemorices, Israel; porque he aquí que yo soy el que te salvo de lejos a ti y a tu descendencia de la tierra de cautividad; y Jacob volverá, descansará y vivirá tranquilo, y no habrá quien le espante". Este pensamiento se repite una y otra vez en estos dos capítulos.

El pasaje más sobresaliente de esta sección es el que describe el "nuevo pacto" (31:31-34). Este se cita completo en Hebreos 8:8-12. Es una de las predicciones más significativas en el Antiguo Testamento de la naturaleza espiritual del cristianismo en comparación con el judaísmo. En vez de que la ley de Dios fuera escrita en tablas de piedra, sería escrita en los corazones humanos. El versículo 33 es una descripción gráfica de la experiencia de la entera santificación.

La fe es costosa (capítulos 32–33). El año antes de que Jerusalén fuera tomada, Jeremías recibió una orden de parte de Dios, la cual era un verdadero desafío. La ciudad estaba rodeada por el ejército babilónico. El profeta había sido silenciado en la prisión por el rey, por haber anunciado que Jerusalén sería tomada y Sedequías llevado al cautiverio.

Faltaban apenas unos minutos para la medianoche y no había señales del amanecer. Sin embargo, en esa hora oscura Dios ordenó a Jeremías que hiciera algo aparentemente absurdo. Debía comprar de su primo Hanameel un campo en Anatot, que probablemente estaba en ese momento en poder del enemigo. Frente a la posibilidad de la victoria babilónica que ya era inminente, el valor comercial de la propiedad era prácticamente nulo. Sin embargo, Jeremías pagó un buen precio por el campo (32:9). Dos contratos se firmaron; uno "sellado" y el otro "abierto" (v. 11). Ambos debían ser puestos por Baruc "en una vasija de barro", donde quedarían bien guardados por muchos años (v. 14). Esta costumbre de guardar manuscritos valiosos en vasijas de barro ha recibido gran publicidad debido a los recientes descubrimientos de los "Rollos del mar Muerto".

¿Por qué Jeremías compró el campo? Esto sería una evidencia concreta de su fe en sus propias predicciones divinamente inspiradas acerca del retorno del cautiverio (v. 15). Sí, él realmente creía que la gente sería retornada a su tierra, lo probaría pagando al contado el precio de propiedades que en ese momento no valían nada.

En ninguna otra parte se demuestra con tanta claridad la humanidad característica de Jeremías, como en sus reacciones después de cerrar el trato. Con fe desesperada ora: "Ni hay nada que sea difícil para ti" (v. 17), pero al mismo tiempo recuerda al Señor el sitio de la ciudad, que sería la destrucción de Jerusalén (v. 24).

La respuesta no tardó. Como un eco a las palabras de Jeremías, Jehová dice: "¿Habrá algo que sea difícil para mí?" (v. 27). Luego reitera la profecía de que Jerusalén sería destruida (vv. 28-29). La razón de ello era la idolatría del pueblo de Judá (vv. 29-35).

Pero luego el Señor consuela el corazón del profeta asegurándole que los cautivos volverían a Judá, y que nuevamente los campos se comprarían por dinero (vv. 36-44). La propiedad comprada por Jeremías volvería a tener valor.

El capítulo 33 contiene el segundo mensaje para Jeremías mientras se encontraba todavía en prisión (v. 1). Este asegura nuevamente que ellos volverán del cautiverio y presenta hermosas descripciones de la gloria futura de la nación. Para fortificar la fe del profeta, el Señor le dice: "Clama a mí, y yo te responderé, y te enseñaré cosas grandes y ocultas que tú no conoces" (v. 3).

Aquí tenemos una profecía mesiánica: "En aquellos días y en aquel tiempo haré brotar a David un Renuevo de justicia, y hará juicio y justicia en la tierra" (v. 15). Solo en un sentido limitado se cumplió esta profecía con el retorno del cautiverio. El cumplimiento completo tuvo que esperar hasta la venida del Hijo de David, el Mesías. La verdad es que este pasaje señala hacia la segunda venida de Cristo para su cumplimiento final.

Este capítulo se cierra con la reiteración de la seguridad de que el pacto de Dios con Israel no será quebrantado (vv. 19-26). Una vez más ha de decirse que solo en Cristo se ha confirmado el pacto de David.

Pactos quebrantados (capítulo 34)

Un mensaje para Sedequías (vv. 1-5). Mientras que el sitio continuaba, Dios ordenó a Jeremías que dijera otra vez al rey que Jerusalén sería destruida por fuego y que a él, Sedequías, lo llevarían cautivo a Babilonia. Le dijo que moriría allá en paz (v. 5).

Falta de fe (vv. 6-22). Durante el sitio, los temerosos dueños de esclavos de Jerusalén habían hecho un pacto para liberar a todos los esclavos hebreos, a quienes habían mantenido en contra de la ley de Moisés. En el Sinaí, Dios hizo un convenio con su pueblo de que cada esclavo israelita debería ser puesto en libertad en el año sabático (v. 14). Pero ellos habían estado quebrantando ese convenio. Ahora, añadiendo a su pecado, quebrantaron la promesa que hicieron durante el sitio, y volvieron a subyugar a los esclavos que habían liberado (v. 16). Dios dijo que para estos pecadores promulgaría "libertad... a la espada y a la pestilencia y al hambre" (v. 17).

Los recabitas (capítulo 35)

Una de las características más extrañas del libro de Jeremías es la falta de orden cronológico. Muchas de las profecías están fechadas, pero no están colocadas en orden. Los capítulos 27–34 tienen su antecedente histórico durante el reinado de Sedequías, el último rey de Judá. En el capítulo 35 retornamos a los tiempos de Joacim (véase capítulo 26), el antepenúltimo rey.

Jeremías llevó a los recabitas dentro del templo y les ofreció vino para beber. Ellos se rehusaron. Dijeron que nunca habían desobedecido a sus antepasados. Se abstenían de beber vino, trataban de no vivir en casas ni trabajar en la agricultura (vv. 6-10). Ellos debían seguir permanentemente la vocación de pastores, habitando en tiendas.

El mensaje del Señor por medio de Jeremías fue este: Si los recabitas habían sido fieles a los mandamientos de los antepasados,

¿por qué no podía Judá ser fiel a los convenios con Dios? Los recabitas habían dado un ejemplo que avergonzaba a los israelitas.

La primera y la segunda edición de Jeremías (capítulo 36)

Este capítulo es el único en el Antiguo Testamento que nos da una idea de la historia literaria de uno de sus libros. Existe una evidencia clara de que el libro de Jeremías tuvo por lo menos cuatro ediciones, y quizá más. En este capítulo se nos habla de dos. La última frase del capítulo 51 indica el final de las palabras de Jeremías. La edición final incluyó el apéndice histórico del capítulo 52. Este fenómeno ayudará a entender por qué el texto de Jeremías en la Septuaginta comprende solamente siete octavos del texto hebreo masorético.

En el año cuarto de Joacim (605 a.C.) el Señor ordenó al profeta que escribiera sus profecías en un rollo. Así que este llamó a su escriba, Baruc, y le dictó el mensaje (v. 4). Puesto que Jeremías estaba confinado en prisión, pidió a Baruc que leyera el rollo en un día de ayuno, cuando la multitud estuviera congregada en el templo. Al año siguiente (v. 9) Baruc leyó el contenido del rollo al pueblo. Lo llevaron ante los príncipes y lo leyó también en su presencia (v. 15). Finalmente, el rey se enteró y mandó a Jehudí que también se lo leyera (v. 21). Estas tres lecturas del rollo, probablemente en un mismo día, indican que no era muy extenso.

La actitud de Joacim hacia la palabra de Dios es sorprendente. Tan pronto como se leía una de las columnas del rollo, la cortaba en pedazos con su navaja y desdeñosamente la arrojaba al fuego. El hecho de que el rollo se quemara, indica que era probablemente de papiro.

La conclusión de todo el asunto se presenta en el versículo 32: "Y tomó Jeremías otro rollo y lo dio a Baruc hijo de Nerías escriba; y escribió en él de boca de Jeremías todas las palabras del libro que quemó en el fuego Joacim rey de Judá; y aun fueron añadidas sobre ellas muchas otras palabras semejantes". Esta es la segunda edición ampliada de Jeremías. Con esto se cubre la primera mitad del ministerio del profeta (626–604 a.C.).

Un profeta en la prisión (capítulos 37–38)

Respuesta al rey (37:1-10). Durante el sitio de Jerusalén por los babilonios, hubo una breve tregua que levantó indebidamente la esperanza de la gente dentro de la ciudad. El ejército egipcio entró a Palestina, y los caldeos (babilonios) se retiraron de Jerusalén por un tiempo (37:5). Pero Jeremías advirtió al rey que los babilonios volverían y quemarían la ciudad (37:8).

Acusado de traición (37:11-15). Cuando el sitio se interrumpió temporalmente, Jeremías salió por la puerta de Benjamín para inspeccionar su nueva propiedad en Anatot, como a 5 km de distancia, en "tierra de Benjamín" (v. 12). Pero lo arrestaron, lo acusaron de desertar a tierra caldea, lo golpearon y lo pusieron nuevamente en prisión.

Apelación al rey (37:16-21). El rey Sedequías es un ejemplo patético de carácter vacilante. Secretamente sacó a Jeremías de la prisión y le preguntó: "¿Hay palabra de Jehová?" (v. 17). Como respuesta el profeta repitió su predicción de que el rey sería llevado cautivo. Luego rogó al rey que no le enviara de vuelta al calabozo, donde corría peligro de morir. Así que el profeta permaneció en el patio de la cárcel y se le daba una torta de pan cada día. Una torta de pan era como una galleta de hoy.

Amenaza de muerte (38:1-6). Cuando algunos de los líderes oyeron que Jeremías aconsejaba abiertamente que se rindieran a los babilonios, rogaron al rey que lo ejecutaran por traición. La respuesta de Sedequías fue típica de él: "He aquí que él está en vuestras manos; pues el rey nada puede hacer contra vosotros" (v. 5). Una nación está en lamentable situación cuando es gobernada por una persona sin conciencia y con una voluntad débil.

Rescate por un etíope (38:7-13). El profeta tenía un amigo en el palacio, "Ebed-melec, hombre etíope". Este sirviente africano consiguió permiso del rey para sacar a Jeremías de la cisterna. Cuidadosamente le proveyó trapos como almohadas para poner debajo de sus brazos, para que el agotado profeta no se lastimara con las sogas mientras lo sacaban lentamente del cieno. Millones de lectores han alabado la bondad de este humilde sirviente.

Consejo al rey (38:14-28). Una vez más el voluble Sedequías llamó a Jeremías a una conferencia secreta. Después de que el rey juró no herirle, el profeta le declaró valientemente el mensaje de Dios. Era lo mismo que había aconsejado antes: Ríndanse a los babilonios. Una terrible responsabilidad recayó sobre el rey cuando Jeremías le informó que si él se rendía, la ciudad no sería atacada; de lo contrario, sería destruida. La suerte de Jerusalén dependía de la decisión de un hombre. ¡Qué tragedia que aquel hombre fuera Sedequías!

De acuerdo con su carácter, el rey dijo: "Tengo temor" (v. 19). Jeremías le advirtió una vez más que si él no obedecía, el rey de Babilonia quemaría "esta ciudad a fuego" (v. 23). El rey se acobardó y la ciudad fue destruida.

La caída de Jerusalén (capítulo 39)

El fin del sitio (vv. 1-3). Nabucodonosor sitió a Jerusalén en el mes décimo del año noveno del reinado de Sedequías. En el cuarto mes del año once (587 ó 586 a.C.), los babilonios abrieron brecha en las murallas. El sitio duró un año y medio.

La captura del rey (vv. 4-10). Sedequías trató de huir durante la noche, rumbo al valle del Jordán. Pero lo capturaron en las llanuras de Jericó. Lo último que vio fue la ejecución de sus dos hijos. Luego, con esa tremenda visión estampada en su memoria, le arrancaron los ojos. ¡Qué precio pagó por causa de su voluntad débil e inestable!

El cuidado de Jeremías (vv. 11-14). Evidentemente, Nabucodonosor se enteró de la predicación de Jeremías. Sin duda que sus censores leyeron las cartas que Jeremías envió a los cautivos en Babilonia. Así que ordenó al capitán de la guardia que tratara a Jeremías con generosidad.

La recompensa de Ebed-melec (vv. 15-18). Ningún acto de bondad queda sin recompensa. Puesto que el etíope confió en Dios y rescató al profeta, se le prometió libertad.

Las consecuencias (capítulos 40–43)

La secuela a la caída de Jerusalén es una historia de crimen, intriga, decepción y desobediencia. Estos cuatro capítulos describen lo que ocurrió.

El nuevo gobernador (capítulo 40). Una vez que a Jeremías se le devolvió la completa libertad y se le dio alimento y dinero en abundancia (v. 5), se dirigió al nuevo gobernador, Gedalías, en Mizpa (v. 6), que estaba probablemente a 13 km al norte de Jerusalén. El gobernador aconsejó a la gente que se sometiera pacíficamente al gobierno babilónico (v. 9). Los judíos que habían huido al este del Jordán volvieron a sus antiguos hogares (vv. 11-12).

Al gobernador se le advirtió que Ismael estaba planeando matarlo, por orden del rey de Amón. Pero Gedalías no le creyó (vv. 13-16).

El asesino malvado (capítulo 41). El gobernador perdió la vida porque no dio crédito a las advertencias (vv. 1-3). Ismael, el asesino, no quedó satisfecho sino hasta que mató a hombres de Siquem, de Silo y de Samaria, quienes iban a entregar ofrendas a la casa del Señor. La vileza de su engaño se describe en los versículos 4-7. Finalmente lo atacaron y huyó a Amón (vv. 11-15).

El remanente engañoso (capítulos 42–43). Johanán, el nuevo líder de los judíos que fueron dejados, vino con sus seguidores a Jeremías para pedir consejo. Ellos juraron solemnemente obedecer lo que el Señor les indicara por medio de su profeta (42:5-

6). Las órdenes del cielo fueron muy definidas: Quédense en esta tierra; no teman al rey de Babilonia; yo les protegeré (42:10-12). Además, el profeta les advirtió que si desobedecían las órdenes de Dios y huían a Egipto, pagarían por ello (42:13-17). La espada y el hambre que temían, los seguiría.

El profeta rogó al pueblo: "Oh remanente de Judá: No vayáis a Egipto" (v. 19). Luego los acusó de engaño y falta de sinceridad cuando vinieron a pedir dirección divina (vv. 20-21).

Por lo que sucedió después, se comprobó que el profeta tenía razón (43:1-7). El pueblo acusó a Jeremías de hablar falsamente (v. 2), y de dejarse influenciar por Baruc para que fueran entregados a los caldeas (v. 3). Con una actitud desafiante, emigraron a Egipto, llevando a Jeremías y a Baruc con ellos (vv. 58).

En Egipto, Jeremías profetizó que Nabucodonosor conquistaría ese país y destruiría sus dioses (vv. 8-13). Esto se cumplió en el año 568 a.C.

Los judíos en Egipto (capítulo 44)

En vista de la destrucción de Jerusalén como castigo por la idolatría de los israelitas, es difícil entender la actitud de los judíos en Egipto. Se hundieron aún más en la idolatría. Quemaban incienso a los dioses de Egipto (v. 8). Por tanto, Jeremías anunció la destrucción del remanente (v. 12).

El desafío de los judíos a Dios y a su profeta, se explica en la negación radical del versículo 16. Ellos alegaban que al quemar incienso a la reina del cielo (Istar), estaban mejor materialmente (v. 17). Pero el profeta les recuerda que ellos estaban en el cautiverio a causa de su idolatría. Este parece ser el último mensaje de Jeremías.

Baruc, el biógrafo (capítulo 45)

Baruc actuó como el escriba de Jeremías, según se indica en varios lugares del libro. Pero parece que también escribió algunas de las secciones históricas del libro, especialmente las descripciones biográficas de Jeremías en tercera persona. Así que probablemente no esté fuera de lugar llamar a Baruc el intérprete de Jeremías. Debemos mucho a este fiel siervo del profeta.

PROFECÍAS CONCERNIENTES A NACIONES EXTRANJERAS (capítulos 46–51)

En Isaías la colección de profecías contra las naciones extranjeras se encuentra en la primera parte (capítulos 13–23), pero en Jeremías aparece al final. En Ezequiel se encuentra más o menos en la mitad del libro (capítulos 25–32), como sucede en la versión Septuaginta de Jeremías.

Egipto (capítulo 46)

La derrota del faraón Necao (vv. 1-12). La batalla de Carquemis (605 a.C.) fue uno de los momentos decisivos de la historia antigua. Aquí se humilló completamente al orgulloso y ambicioso faraón Necao, mientras que Nabucodonosor se convirtió en el poder dominante de Asia occidental. Aunque Egipto se levantó "como río" (vv. 7-8) con orgullo abrumador, cayó "junto a la ribera del Éufrates" (vv. 6, 10). La descripción que Jeremías hace de la batalla, es digna de un elocuente Isaías.

La conquista de Nabucodonosor (vv. 13-26). El profeta siguió describiendo la futura conquista de Egipto por Nabucodonosor. Egipto se gloriaba en sus dioses, pero en una oportunidad estos ya habían sido humillados por Jehová por medio de Moisés, y lo serían una vez más por manos de Nabucodonosor. El capítulo termina con palabras de consuelo para el pueblo de Dios (vv. 27-28), que señalan más allá del cautiverio, la restauración.

Filistea (capítulo 47)

La profecía está fechada "antes que Faraón destruyese a Gaza" (v. 1). Pero describe la conquista de los filisteos por Nabucodonosor.

Moab (capítulo 48)

Moab está situada al oriente del mar Muerto. Este país se gloriaba porque evitó ser conquistado y llevado al cautiverio (v. 11). Pero sufriría por sus pecados (v. 26).

Amón (49:1-6)

Amón estaba ubicada al noreste de Moab, su capital era Rabá (v. 2) donde ahora se encuentra Amán, la capital de Jordania. Amán sería castigada por oprimir a los israelitas.

Edom (49:7-22)

Este país estaba al sur del mar Muerto. Era muy notable por su sabiduría (v. 7), pero sería destruido.

Damasco (49:23-27)

Esta antigua capital de Siria, ahora la ciudad más antigua del mundo, sería igualmente consumida.

Cedar (49:28-33)

Cedar era una tribu ismaelita de pastores nómadas, orgullosos e independientes. También sería conquistada por Nabucodonosor.

Elam (49:34-39)

Este país estaba al este del valle del Tigris y del Éufrates. Su poder sería quebrantado, pero finalmente sería restaurado.

Babilonia (capítulos 50–51)

Tanto en Isaías como en Jeremías, Babilonia recibe el tratamiento más extenso. Su importancia en la historia, y el orgullo por su poder se notan en el uso que se le da en Apocalipsis como nombre simbólico de las fuerzas enemigas del cristianismo.

La destrucción de Babilonia (51:54-58) se comprobó por la arqueología. El profeta ordenó que su profecía en contra de Babilonia fuera arrojada al río Éufrates como símbolo de que la ciudad se hundiría, para nunca levantarse otra vez (51:59-64).

APÉNDICE HISTÓRICO (capítulo 52)

La frase final del capítulo 51: "Hasta aquí son las palabras de Jeremías", parece indicar claramente que el capítulo 52 es un apéndice añadido por otra persona. Es muy semejante a 2 Reyes 24:18–25:21.

La rebelión de Sedequías en contra de Babilonia se la consideró como falta de fe. Su triste fin se describe más o menos en detalle (vv. 4-11), como también la destrucción de la ciudad (vv. 12-14). Se enumeran los tesoros del templo que se llevaron a Babilonia (vv. 17-23); se menciona que el número de los cautivos fue 4,600 (vv. 28-30). El libro se cierra con una descripción de cómo Evil-merodac, el sucesor de Nabucodonosor, liberó a Joaquín y lo trató amablemente (vv. 31-34).

LIBRO DE LAMENTACIONES DE JEREMÍAS (capítulos 1–5)

Este libro, que tradicionalmente se asigna a Jeremías, contiene cinco poemas, elegías o himnos fúnebres. La forma de estos cinco poemas es de especial interés. Los primeros cuatro están en orden alfabético, como acróstico. En los dos primeros capítulos, cada versículo comienza con una nueva letra del alfabeto hebreo y tiene tres partes. En el tercer capítulo hay tres versículos para cada una de las 22 letras del alfabeto hebreo. El capítulo cuarto tiene dos líneas en cada versículo, y cada versículo comienza con una nueva letra en orden alfabético. Aunque el quinto capítulo contiene 22 versículos, no están en orden alfabético. Esta es una forma especial de metro para elegías, llamado qinah; se usa para expresar profundo dolor, dando un tono melancólico a la lectura.

Aparentemente, estos himnos fúnebres se escribieron para lamentar la muerte del reino de Judá. El último capítulo es una oración por la restauración de la nación que está en cautiverio.

PARA ESTUDIO ADICIONAL

1. ¿Cuáles son los dos grupos que se opusieron a Jeremías, y cuáles son los dos que lo defendieron?
2. ¿Qué política exterior sostuvo Jeremías?
3. ¿Qué consejo dio a los cautivos?
4. ¿Qué pasó con la primera edición del libro de Jeremías?
5. Discuta la relación entre Jeremías y Sedequías.
6. ¿Qué le sucedió al profeta después de la caída de Jerusalén?
7. ¿Cuál es la naturaleza del libro de Lamentaciones?

NOTAS BIBLIOGRÁFICAS

1 W.F. Albright, "The Old Testament and Archaeology", *Old Testament Commentary*, H.C. Alleman y E.E. Flack, eds. (Philadelphia: Muhlenberg Press, 1948), p. 147.

2 Edward J. Young, *An Introduction to the Old Testament* (Grand Rapids: Wm. B. Eerdmans Publishing Co., 1949), p. 226.

3 *New Bible Commentary*

5 EL PROFETA CAUTIVO – EZEQUIEL

Nombre: Significa "Dios fortalece".
Ciudad natal: Jerusalén.
Fecha de su ministerio: 593–571 a.C.
Lugar de su ministerio: Babilonia.

División del libro:
I. Profecías antes de la caída de Jerusalén (capítulos 1–24)
II. Profecías en contra de naciones extranjeras (capítulos 25–32)
III. Profecías después de la caída de Jerusalén (capítulos 33–48)

Versículos para memorizar: 11:19-20; 33:11; 36:25-27

INTRODUCCIÓN

Lo mismo que Jeremías, Ezequiel era sacerdote (1:3) y profeta. A diferencia de Jeremías, él pasó los días de su ministerio en tierra extranjera.

A Ezequiel Nabucodonosor lo llevó cautivo en el año 597 a.C., vivió a orillas del río (o canal) Quebar, en Babilonia. Allí ministró a los cautivos de Judá. Hasta la caída de Jerusalén (586 a.C.), dirigió mensajes a la gente en Judá. Ese evento marca la línea divisoria de su ministerio.

Mientras que Isaías y Jeremías profetizaron cada uno por 40 años, el ministerio de Ezequiel duró solo 23 años. La fecha inicial, 593 a.C., se indica en 1:2. La última profecía fechada (29:17) fue en el año 571 a.C.

Ezequiel es único entre los tres profetas en el uso de imágenes apocalípticas. También usa más hechos simbólicos para ilustrar sus mensajes, aunque hemos visto que Jeremías tiene varios ejemplos de ellos. En general, Ezequiel es más difícil de entender y es menos leído que Isaías y Jeremías, especialmente en cuanto a la última parte del libro.

LLAMADO DEL PROFETA (capítulos 1–3)

El encabezado (1:1-3)

Ezequiel comenzó su ministerio "en el año treinta". Se acepta generalmente que se refiere a la edad de Ezequiel. Los levitas no podían comenzar su ministerio público sino hasta que tuvieran 30 años de edad (Números 4:3). Así que este era el tiempo indicado para que Ezequiel comenzara su obra profética.

El "río Quebar" se identifica generalmente con un canal de irrigación al sur de Babilonia. Aquí "los cielos se abrieron y vi visiones de Dios" (v. 1). Esto es característico del libro de Ezequiel, que da un lugar prominente a las visiones apocalípticas.

El principio del ministerio de Ezequiel se fecha en forma definida "en el quinto año de la deportación del rey Joaquín, a los cinco días del mes" (v. 2). Puesto que a ese gobernante lo llevaron a Babilonia en el año 597 a.C., el año quinto sería 593 a.C.

La visión de la gloria de Dios (1:4-28)

El llamado de Isaías estuvo relacionado con una visión de la santidad de Dios (Isaías 6). El de Ezequiel se expresó por una visión de la gloria de Dios. Jeremías, por otro lado, parece haber sentido una convicción creciente del llamado divino.

El escenario del llamado de Ezequiel parecería un "viento tempestuoso". El lenguaje del versículo 4 tiene gran similitud con el siguiente relato de una tormenta en el Éufrates.

Densas masas de nubes negras, manchadas de color anaranjado, rojo y amarillo, aparecieron del suroeste, aproximándose con temible velocidad... Las nubes eran impresionantes. Debajo de la más oscura de ellas había una gran colección de materia color carmesí oscuro, que corría hacia nosotros a una velocidad espantosa... Todo se volvió sereno y claro como antes. En solo 25 minutos habían visto el principio, el desarrollo y la culminación de este temible huracán[1].

Es notable que Ezequiel use las palabras "apariencia" o "aspecto" una y otra vez (vv. 5, 10, 13, 22, etc.). El profeta trata de describir lo indescriptible con figuras conocidas. Lo único que puede hacer es decir que lo que vio tenía el "aspecto" de otra cosa. Se da por entendido que Ezequiel nunca tuvo la intención de que sus lectores interpretaran su lenguaje literalmente. El lenguaje es simbólico y debe tomarse como tal.

El llamado y la comisión (capítulos 2–3)

El llamado (2:1–3:3). El profeta es llamado frecuentemente "hijo de hombre" (2:1, 3, 6, 8, etc.). Este título "recalca su condición como una mera criatura en contraste con la majestad del Creador"[2].

Nótese que "Espíritu" aparece con mayúscula. Fue el Espíritu Santo quien entró en él durante su llamado. La voz le advirtió que sería enviado como Isaías y Jeremías, a un pueblo rebelde (2:3). No era tarea placentera ser verdadero profeta en Israel. Pero ya fuera que el pueblo escuchara o rechazara su mensaje, el profeta debía proclamarlo fielmente (2:5-7).

Luego la voz le ordenó a Ezequiel recibir y comer el rollo que se le daba (2:9). Parece que era un rollo de papiro, escrito en ambos lados (2:10). Siguiendo las instrucciones, el profeta comió el rollo y lo encontró dulce al paladar. Esto simbolizaba que el ministro debía alimentar su propia alma con la palabra de Dios antes de predicarla a otros.

La comisión (3:4-27). La comisión del profeta era dar el mensaje de Dios "a la casa de Israel". Una vez más se le advierte al profeta que la gente no lo escuchará, porque han rehusado escuchar a Dios (v. 7). En forma específica, a Ezequiel se lo comisionó para predicar a los cautivos en Babilonia (v. 11).

El Espíritu levantó al profeta y lo transportó (vv. 12, 14) hasta donde estaban los cautivos de Tel-abib (Tel Aviv, nombre de una gran ciudad en el Israel de hoy), junto al río Quebar. Allí "permanecí siete días atónito entre ellos" (v. 15).

Luego recibió una importante comisión. Dios dijo: "Hijo de hombre, yo te he puesto por atalaya a la casa de Israel; oirás, pues, tú la palabra de mi boca, y los amonestarás de mi parte" (v. 17). Si él no amonestaba a los malos, "su sangre demandaré de tu mano" (v. 18). Pero si él anunciaba la amonestación y los malos no escuchaban, "tú habrás librado tu alma" (v. 19). Estas palabras conllevan una gran responsabilidad, y todo ministro debe meditar en ellas.

Dos veces más encontramos "la gloria de Jehová" (vv. 12, 23). Esta puede considerarse como una frase clave del libro de Ezequiel, el cual comienza con varias visiones de la gloria de Jehová y termina con una vista telescópica de la gloria futura.

CUATRO ACTOS SIMBÓLICOS (capítulos 4–5)

Si alguna vez hubo un predicador dramático, ese fue Ezequiel. En esta sección encontramos cuatro actos simbólicos con sus interpretaciones.

La invasión de Jerusalén (4:1-3)

Dios ordenó al profeta que tomara un adobe y formara con él un modelo de la ciudad de Jerusalén con armas de sitio puestas en contra de ella. Esto significaba la inminente invasión de Jerusalén (587-586 a.C.).

El exilio (4:4-8)

El profeta debía acostarse sobre uno de sus lados durante un período de 390 días (190 en la versión de los Setenta) cargando los pecados de Israel, y 40 días llevando los pecados de Judá. Esto simbolizaba los cautiverios de los dos reinos (el de Israel ya había comenzado en el año 722 a.C.).

El hambre (4:9-17)

Ezequiel debía medir cuidadosamente la pequeña cantidad de alimento y bebida que podía tomar durante este período. Por tanto, Jerusalén sería afligida con hambre durante el sitio (véase Jeremías 52:6).

La destrucción de la vida (5:1-4)

El profeta debía afeitarse el cabello y la barba. De este cabello, una tercera parte debía quemarla, una tercera parte debía cortarla con la espada, y una tercera parte esparcirla al viento.

El significado de los símbolos (5:5-17)

Todos estos actos simbólicos se referían a Jerusalén (v. 5). El cabello quemado tipificaba aquellos que morirían de enfermedades y hambre durante el sitio, la segunda parte del cabello simbolizaba los que morirían a espada y la tercera parte, aquellos que irían al exilio (v. 12).

DESTRUCCIÓN DE ISRAEL (capítulos 6–7)

Las montañas de Israel (capítulo 6)

A Ezequiel se le ordenó volver la cara hacia las montañas de Israel y profetizarles a ellas (v. 2). Su mensaje era de destrucción y juicio. Para dar énfasis a su predicación le fue dicho: "Palmotea con tus manos, y golpea con tu pie" (v. 11). Ezequiel era un predicador enérgico.

La arqueología ha arrojado luz sobre una palabra que se usa

dos veces en este capítulo (vv. 5-6). Los términos "ídolos" e "imágenes del sol", en la versión Reina-Valera fueron traducidos casi adivinando su significado. El verdadero significado del término hebreo *hammanin* no se conoció sino hasta hace poco tiempo, cuando en unas excavaciones se descubrió un pequeño altar con esta palabra (en singular) inscrita en él. El término correctamente traducido significa "altares de incienso".

El castigo de Israel (capítulo 7)

El profeta clama: "El fin, el fin viene sobre los cuatro extremos de la tierra" (v. 2). En un lenguaje más fuerte todavía, el profeta presenta una figura de la inminente caída de la nación: "Así ha dicho Jehová el Señor: Un mal, he aquí que viene un mal. Viene el fin, el fin viene; se ha despertado contra ti; he aquí que viene" (vv. 5-6). Una vez más clama: "He aquí el día, he aquí que viene" (v. 10). Es el día del Señor, el día del juicio, el día de la caída y la destrucción. ¡Y está cerca!

PECADO Y FIN DE JERUSALÉN (capítulos 8–11)

La idolatría en el templo (capítulo 8)

Esta profecía se dio "en el sexto año" del cautiverio (592 a.C.), "en el mes sexto" (agosto-septiembre). Mientras Ezequiel estaba sentado en su casa y los ancianos de Judá con él, tuvo otra visión. Vio "una figura que parecía de hombre; desde sus lomos para abajo, fuego" (8:2). Esta parece ser la visión más cercana que tuvo de Dios. Una mano le tomó por el cabello y el Espíritu lo transportó en visión a Jerusalén (v. 3). Allí, en visión observó lo que estaba pasando en el templo.

Al norte del altar vio "la imagen del celo" (v. 5), esto es, una representación idolátrica que provocó el celo de Dios. En un cuarto secreto, al cual se llegaba por una entrada oculta, descubrió setenta ancianos de Israel ofreciendo incienso delante de unas figuras idolátricas dibujadas sobre la pared (vv. 10-11). Luego, en la puerta del norte de la casa del Señor, vio mujeres llorando por Tamuz, el dios babilónico de la vegetación (v. 14). Y lo que es peor todavía, entre el atrio y el altar vio "como veinticinco varones, sus espaldas vueltas al templo de Jehová y sus rostros hacia el oriente, y adoraban al sol, postrándose hacia el oriente" (v. 16). En el mismo lugar donde los sacerdotes tenían que ofrecer oraciones (Joel 2:17) de frente al altar, estos hombres, con sus espaldas hacia Dios, adoraban al sol.

El castigo de Jerusalén (capítulo 9)

El profeta vio entrar en la ciudad a seis verdugos. En medio de ellos había uno vestido de lino, con escrituras alrededor de la cintura. Él debía marcar a todos aquellos que lloraban por los pecados del pueblo. El resto de los habitantes de la ciudad deberían morir (v. 5). Luego viene esta adición significativa: "Y comenzaréis por mi santuario".

La gloria de Dios abandona el templo (capítulo 10)

Una vez más Ezequiel tiene una visión de la gloria de Dios: Todo el atrio se llenó de ella (v. 4). Pero finalmente vio la gloria de Dios junto con los querubines que salían del templo por la puerta del este (vv. 18-19). Esta visión mostraba que la *Shekiná* (la presencia de Dios) estaba apartándose de su casa a causa del pecado de la gente.

Castigo sobre los príncipes (11:1-13)

En la puerta oriental del templo, el profeta vio como 25 hombres que habían conspirado para desafiar la ley de Dios. Cuando Ezequiel profetizó su destrucción, Pelatías, un príncipe, cayó muerto.

Restauración futura (11:14-25)

Aun en el cautiverio Dios promete ser "un pequeño santuario en las tierras adonde lleguen" (v. 16). La naturaleza espiritual de la religión del futuro se sugiere así: "Y les daré un corazón, y un espíritu nuevo pondré dentro de ellos; y quitaré el corazón de piedra de en medio de su carne, y les daré un corazón de carne" (v. 19).

En el capítulo anterior la gloria de Dios había abandonado el templo. Pero ahora (v. 23) abandonaba la ciudad. El Espíritu llevó a Ezequiel de vuelta a Babilonia e informó a los cautivos todo lo que había visto en la visión (vv. 24-25).

NECESIDAD DEL CAUTIVERIO (capítulos 12–19)

Su inminencia (capítulo 12)

La mudanza simbólica del profeta (vv. 1-16). Dios ordenó a Ezequiel que realizara otro acto simbólico. Debía sacar todas las cosas de su casa "a vista" de la gente. Esto era una señal de que el cautiverio final de Judá pronto se llevaría a cabo. A su príncipe se lo llevaría a Babilonia; "pero no la verá, y allá morirá" (v. 13). Esta extraña profecía se cumplió en el caso de Sedequías, a quien le sacaron los ojos antes de llevarlo cautivo a Babilonia.

El hambre (vv. 17-20). El profeta tenía que comer el pan con temblor y beber su agua con estremecimiento (v. 18), como señal de las terribles calamidades del sitio de Jerusalén. Esto es similar a lo que se dice en 4:16-17.

No más tardanza (vv. 21-28). La gente decía que el tiempo estaba pasando y que no se había cumplido ninguna visión (v. 22). Pero Dios declaró que las profecías de la destrucción de Jerusalén se cumplirían durante esa generación; no serían detenidas ya por más tiempo (vv. 25, 28).

Profetas falsos (capítulos 13–14)

Esperanzas falsas (13:1-7). Los profetas falsos, como los que describe Jeremías, se distinguían por un optimismo sin fundamento. Infundían esperanza al pueblo diciendo que Jehová no había enviado profecías de castigo, por lo que no se cumplirían (v. 6).

Blanquear (13:8-16). El Señor acusa a los profetas falsos de tratar de blanquear (recubrir con cal, v. 10, Biblia de las Américas) las paredes. Ciertamente, mucha de la predicación moderna solo "blanquea" el pecado. Pero Dios dice que él derribará las paredes blanqueadas, para que se vea su verdadero color (v. 14).

Mujeres profetizas (13:17-23). Estas tendrán un castigo especial. Se suponía que las "vendas mágicas" que ellas cosían en los brazos de la gente (v. 18) tenían poderes mágicos. Estas mujeres son acusadas de ser cazadoras de almas (vv. 18,20).

Inquiridores no sinceros (14:1-11). Algunos de los ancianos de Israel visitaron a Ezequiel. Pero el Señor le dijo al profeta que ellos practicaban la idolatría (vv. 3, 6). Dios pronunció un juicio especial sobre aquellos que continuaron practicando la idolatría.

Juicio inevitable (14:12-23). La presencia de algunos justos no salvaría a muchos impíos de la destrucción. Si "Noé, Daniel y Job" (v. 14) estuvieran viviendo en Judá, ellos hubieran salvado solamente sus propias almas. Probablemente el Daniel que aquí se menciona sea un anciano patriarca, y no el profeta contemporáneo de Ezequiel.

Parábola de la vid (capítulo 15)

Así como una vid que no sirve se corta y se echa al fuego para quemarla, la gente de Jerusalén debe ser castigada por sus pecados. El hecho de que ellos se consideren a sí mismos la vid escogida de Dios (véase Isaías 5) no los salvará.

Una esposa infiel (capítulo 16)

En una alegoría bastante extensa, Ezequiel pinta una figura de la historia de Israel. El lenguaje franco y pintoresco es típico de un narrador de historias del oriente.

La hija desamparada (vv. 1-5). El profeta primero presenta a Israel como una niña pequeña, despreciada, expuesta a morir, una costumbre muy común en el oriente.

La doncella casada (vv. 6-14). Dios descubrió a la indefensa infante y la cuidó. Luego la tomó como su esposa, la adornó con el lujo propio de una boda oriental típica.

La esposa infiel (vv. 15-34). A pesar de todo lo que Dios había hecho por ella, Israel fue infiel a su esposo. Una y otra vez cometió adulterio con los dioses paganos y con las naciones extranjeras, los egipcios al sur (v. 26), los asirios al norte (v. 28) y finalmente los caldeos (v. 29). Por lo que es condenada "como mujer adúltera, que en lugar de su marido recibe a ajenos" (v. 32).

El rechazo (vv. 35-52). Puesto que Israel se había apartado del Señor, Él la rechazaría como esposa y la enviaría con sus amantes, a quienes ella había escogido (v. 37). Ellos la tratarían con desprecio y crueldad (vv. 39-41). Esto se cumplió con la destrucción de Jerusalén en el año 586 a.C.

Dios llega hasta el punto de afirmar que Judá es peor que su hermana mayor, Samaria (vv. 46, 51), y que su hermana menor, Sodoma (vv. 46, 48). Esto se debía a que Israel había tenido más privilegios. Mientras mayor sea la luz que uno tiene, mayor es el castigo.

El perdón futuro (vv. 53-63). A pesar de la testarudez de su infiel esposa, Jehová promete perdonarla y restaurarla. Es el mismo mensaje que Oseas proclamó cerca de dos siglos antes.

Las águilas y la vid (capítulo 17)

La parábola (vv. 1-10). Ezequiel era aficionado a las alegorías, como lo indican este capítulo y el anterior. La "gran águila" (v. 3) o buitre, es Nabucodonosor. El "cogollo del cedro" (v. 3) se refiere a Joacim, y "el principal de sus renuevos" (v. 4), a sus príncipes. A estos se los llevaron cautivos a Babilonia en el año 597 a.C. "La simiente de la tierra" (v. 5) era Sedequías, a quien Nabucodonosor puso sobre el trono de Judá. La otra "gran águila" (v. 7) es el faraón Hofra, cuya ayuda Sedequías buscó en su rebelión contra Nabucodonosor (Jeremías 44:30).

La interpretación (vv. 11-21). Sedequías había jurado alianza con Nabucodonosor (v. 13). Pero ahora se rebelaba en su contra y buscaba la ayuda de Egipto (v. 15). El resultado sería el cautiverio de Sedequías en Babilonia (v. 20), porque había quebrantado su convenio (v. 16).

Otra alegoría (vv. 22-24). El capítulo se cierra con una breve profecía mesiánica. El renuevo (v. 22) es el rey del linaje de David que al fin reinará.

Retribución y responsabilidad (capítulo 18)

Este es uno de los capítulos más significativos de Ezequiel por su enseñanza sobre la responsabilidad individual. Esta se necesitaba para equilibrar la idea de culpabilidad nacional.

Existía entonces un proverbio popular muy conocido: "Los padres comieron las uvas agrias, y los dientes de los hijos tienen la dentera" (v. 2). La generación que fue llevada cautiva se quejaba de que estaba sufriendo injustamente por causa de los pecados de generaciones anteriores. La respuesta del Señor fue: "El alma que pecare, esa morirá" (v. 20). Esta expresión resume la enseñanza de todo el capítulo. Cuando el hijo de un hombre justo (vv. 5-9) se vuelve impío (vv. 10-13), sufrirá por sus propios pecados (v. 13). Por otro lado, si el hijo de un hombre impío es justo (vv. 14-17), vivirá. Así Dios se defiende a sí mismo de la acusación: "¿No son rectos mis caminos, casa de Israel? Ciertamente vuestros caminos no son rectos" (vv. 25, 29).

Lamento sobre los príncipes de Israel (capítulo 19)

Dios ordenó al profeta que entonara una endecha, un himno fúnebre, por los príncipes de Israel (v. 1). Ese himno se presenta en forma de dos poemas alegóricos.

Alegoría de los leones (vv. 2-9). Los príncipes se presentan primero como leones. La madre leona es Judá. El primer cachoro de león (v. 3) es Joacaz, a quien el faraón Necao llevó cautivo a Egipto en el año 608 a.C. El segundo cachorro de león (v. 5) es Joaquín (algunos dicen que fue Sedequías) a quien llevaron a Babilonia en el año 597 a.C. Estos dos reyes reinaron solo tres meses cada uno.

Alegoría de la vid (vv. 10-14). Una vez más, la vid es Judá. Su vara, de la cual salió fuego para destruir la vid, es Sedequías. Fue su desobediencia lo que causó la destrucción de Jerusalén en el año 586 a.C.

CAÍDA DE JERUSALÉN (capítulos 20–24)

La justicia de Jehová (20:1-44)

Esta profecía está fechada "en el año séptimo" del cautiverio de Joaquín (véase 1:2), esto es, el año 591 a.C. Fue en el mes decimoprimero después de la última fecha mencionada en 8:1.

Algunos "ancianos de Israel" vinieron a Ezequiel para hacer preguntas al Señor (véase 14:1-11). Como respuesta, el profeta trazó brevemente la historia de la apóstata Israel (vv. 5-32), con su idolatría crónica. Luego pronunció el juicio de Jehová al permitir el cautiverio (vv. 33-44).

La espada del Señor (20:45–21:32)

En el original hebreo, el capítulo 21 incluye el último párrafo del capítulo 20. Al parecer, esta es la división correcta.

Fuego y espada (20:45–21:7). Al profeta se le pidió decir una palabra "contra el bosque del Neguev" (Judá) , anunciando su destrucción por fuego. Luego viene esta oración interesante: "¡Ah, Señor Jehová! ellos dicen de mí: ¿No profiere éste parábolas?" (20:49). ¡La misma queja se escucha de los lectores modernos de Ezequiel!

Otra vez se ordena al profeta que gimiera amargamente (21:6). Y cuando se le preguntara la razón, debía explicar que era por la destrucción que se aproximaba.

El cántico de la espada (21:8-17). Aquí se da una impresionante descripción de la invasión babilónica (vv. 9-10):

La espada, la espada está afilada,
y también pulida.
Para degollar víctimas está afilada,
pulida está para que relumbre.

El camino de la espada (21:18-27). Al profeta se le ordenó poner un poste de señal y marcar dos caminos que salían de él, uno hacia Amón y el otro hacia Judá. Estos simbolizaban que Nabucodonosor estaba indeciso entre atacar primero a Amón o a Judá. Ambos se habían rebelado en contra suya. Después de consultar tres formas de adivinación (v. 21), sintió que debía atacar primero a Jerusalén. La ruina resultante duraría hasta que el Mesías viniera (v. 27; véase Génesis 49:10).

La espada de Amón (21:28-32). Después de la conquista de Jerusalén por Nabucodonosor, los amonitas saquearon a Judá (II Reyes 24:2). Pero la espada de ellos debía retornarse a su vaina y ellos serían castigados por su crueldad (vv. 30-32).

Tres sentencias en contra de Jerusalén (capítulo 22)

Los pecados de la ciudad (vv. 1-16). A Jerusalén se le llama la "ciudad derramadora de sangre" (v. 2). Se le acusa de crímenes e idolatría (vv. 3-6), de desobediencia a los padres y oprimir a los pobres (v. 7), de profanar el templo y el día de reposo (v. 8), de inmoralidad (vv. 9-11), de usura y fraude (v. 12). La lista es larga, indecente, escandalosa.

El horno de la furia (vv. 17-22). La casa de Israel era escoria que debía ser derretida en el horno. En el fuego del cautiverio babilónico se purificó de su idolatría.

Condenación de las clases (vv. 23-31). Los profetas (v. 25), los sacerdotes (v. 26), los príncipes (v. 27), la gente en general (v. 29), todos habían pecado gravemente en contra de Dios y sus semejantes. Desgraciadamente, no había ningún intercesor: "Y busqué entre ellos hombre que hiciese vallado y que se pusiese en la brecha delante de mí, a favor de la tierra, para que yo no la destruyese; y no lo hallé" (v. 30).

Ahola y Aholiba (capítulo 23)

Una vez más Ezequiel da su profecía en forma de alegoría, la de las dos hermanas, Ahola y Aholiba La primera representa a Samaria y la segunda a Jerusalén. Igual que en el capítulo 16, dice que Judá ha sido más culpable que Israel, porque no prestó atención a las advertencias recibidas por la caída de Samaria en el año 722 a.C. Por el contrario, adulteró con Asiria (v 12) y Babilonia (v. 14). El lenguaje usado aquí es típicamente oriental, pero no se debe pasar por alto la lección trágica.

Símbolos del sitio (capítulo 24)

Esta profecía está fechada "en el año noveno, en el mes décimo, a los diez días del mes" (v. 1). Esto fue enero del año 588 a.C. Jehová le dijo al profeta que este sería el día en que Nabucodonosor comenzaría el sitio a Jerusalén.

La olla (vv. 3-14). Quizá el profeta estaba destrozando un cordero y poniéndolo en una olla para hervirlo cuando el Señor le dio esta parábola. La olla era Jerusalén. Los pedazos escogidos (v. 4) representaban a los principales líderes de la ciudad. El fuego era el sitio. La "herrumbre" es la sangre derramada en la ciudad. El derramamiento de la olla significa el cautiverio, y su fundición en el fuego, la destrucción de Jerusalén.

Muerte de la esposa de Ezequiel (vv. 15-24). El profeta pagó un precio muy elevado por su ministerio. Jehová le dijo que su esposa moriría, pero que él no debía llorarla públicamente según la costumbre de aquellos días (v. 17). Esto sería un símbolo de los horrores trágicos de la invasión. Ezequiel era una señal para Judá (v. 24).

Restauración del habla (vv. 25-27). Estos versículos parecen conducimos atrás a 3:25-27, donde se le dijo a Ezequiel que sería restringido de aparecer en público y no podría hablar sino hasta que Dios soltara su lengua. No parece probable que él haya permanecido en silencio hasta ese momento, ni siquiera que su ministerio fuera privado. De cualquier manera, ahora se le dice que cuando los mensajeros lleguen con la noticia de la caída de Jerusalén, el profeta podría hablar otra vez.

EL PROFETA DE RESTAURACIÓN (capítulos 25–48)

La última sección del libro de Ezequiel consiste de dos partes: Las profecías en contra de naciones extranjeras (caps. 25–32) y las profecías después de la caída de Jerusalén (caps. 33–48). Esta última parte tiene que ver con la restauración del cautiverio (caps. 33–39), y la gloria del reino futuro (caps. 40–48).

Las profecías en contra de naciones extranjeras (capítulos 25–32)

Es un fenómeno notable que los tres profetas dediquen una gran porción de sus declaraciones a profecías en contra de naciones extranjeras. Esta era una parte de su comisión (véase Jeremías 1:5: "Te di por profeta a las naciones"). Siete naciones se consideran aquí. Egipto recibe el tratamiento más extenso (caps. 29–32). Tiro ocupa el segundo lugar en extensión (caps. 26–28). Lo sorprendente es la omisión de Babilonia, la cual recibe mayor atención que cualquier otra nación en Isaías (caps. 13–14) y Jeremías (caps. 50–51).

Naciones circunvecinas (capítulo 25)

Las cuatro naciones consideradas aquí (Amón, Moab, Edom y Filistea) habían hostigado las fronteras de Israel por muchos siglos. Ahora que a Israel y Judá las llevaron al cautiverio, ellos dieron rienda suelta a su gozo.

Amón (vv. 1-7). Los amonitas eran descendientes de un hijo de Lot, el sobrino de Abraham (Génesis 19:38). Pero ellos habían tratado a sus parientes con insaciable crueldad. Ahora se gozaban con la destrucción de Jerusalén y su templo (v. 3). El profeta les advierte que ellos también serán invadidos desde el oriente (v. 4). Su gozo fue exuberante por causa de la caída de Judá, como se describe en el versículo 6.

Moab (vv. 8-11). Los habitantes de Moab eran también descendientes de Lot (Génesis 19:37). Puesto que ellos también se habían gozado con la caída de Judá, serían igualmente invadidos por tribus del desierto.

Edom (vv. 12-14). Los edomitas eran descendientes de Esaú, el hermano de Jacob. La rencilla que hubo entre estos dos hermanos continuó a través de los siglos. Los edomitas tomaron ventaja de la caída de Jerusalén, para vengarse rencorosamente de Judá (véase Abdías). Mas ellos tampoco escaparían del castigo.

Filistea (vv. 15-17). Los filisteos no estaban relacionados con los israelitas, sino que llegaron de Creta en el siglo XII a.C. Desde los días de los jueces fueron una espina en el costado de Israel. También ellos se vengaron con despecho (v. 15). Dios dice que cortará a los "cereteos", esto es, los cretenses.

Tiro (capítulos 26–28)

La caída de Tiro (capítulo 26). La profecía está fechada "en el undécimo año" (26:1), esto es, el año 586 a.C., cuando destruyeron a Jerusalén. La gente de Tiro se gozó por este evento, pensando que la pérdida de Judá sería la ganancia de ellos (v. 2).

A causa de su posición en una isla, que la hacía casi inconquistable, Tiro era orgullosa y arrogante. Se dice que Nabucodonosor la sitió por un período de 12 años (585-573 a.C.) antes de que fuera sometida. Le dio a Alejandro el Grande más trabajo que cualquier otra ciudad. Al fin, este resolvió el problema construyendo un camino de 800 metros de ancho desde tierra firme hasta la isla. Ahora se puede transitar en auto sobre ese terraplén y ver las ruinas. La profecía de que "tendedero de redes será en medio del mar" (v. 5) se cumplió literalmente.

Fenicia, de la cual Tiro era la ciudad principal, fue la nación más sobresaliente en el comercio marítimo en los tiempos antiguos (véase v. 17). Había desarrollado colonias por todo el norte de África, hasta el océano Atlántico. Pero se hundió en el olvido, de acuerdo a lo que Dios predijo por medio de su profeta. Hoy, el puerto y la capital de Líbano (la antigua Fenicia) es Beirut, al norte de Tiro y Sidón.

Endechas sobre Tiro (capítulo 27). A Ezequiel se le ordenó decir lamentos por Tiro. El alcance tremendo de su comercio marítimo se describe vívidamente en los versículos 3-25. Las ciudades y las naciones anotadas aquí componían casi todo el mundo conocido de aquellos días.

Pero su destrucción también se describe (vv. 26-36). La caída de Tiro causaría un amargo lamento y consternación alrededor del mundo Mediterráneo.

Juicio del rey de Tiro (28:1-19). Esta sección se compone de dos poemas dirigidos en contra del gobernante de Tiro. El primero (vv. 1-10) es dirigido al príncipe de Tiro; el segundo (vv. 11-19), al rey de Tiro, probablemente el mismo individuo.

El orgullo de la ciudad estaba personificado en su príncipe. Este príncipe arrogante pretendía ser divino (v. 2) y omnisciente (v. 3). El Daniel al cual se hace referencia aquí es una representación antigua de la sabiduría (véase 14:14,20), no es el Daniel del período del cautiverio.

Generalmente se ha admitido que el lenguaje de los versículos 12-15 incluye más que al rey de Tiro. Muchos interpretan que se refiere a Lucifer antes de caer y convertirse en Satanás. Tomando en cuenta la extravagancia típica del lenguaje oriental (reflejada, por ejemplo, en tablas con inscripciones de reyes de Asiria y Babilonia), la terminología que se usa aquí es verdaderamente admirable. Note las expresiones: "Tú eras el sello de la perfección, lleno de sabiduría, y acabado de hermosura. En Edén, en el huerto de Dios estuviste... Tú, querubín grande, protector... en el santo monte de

103

Dios, allí estuviste; en medio de las piedras de fuego te paseabas". El versículo 15 es especialmente significativo: "Perfecto eras en todos tus caminos desde el día que fuiste creado, hasta que se halló en ti maldad". El príncipe de Tiro era un símbolo de Satanás.

La destrucción de Sidón (28:20-24). Esta ciudad situada entre la antigua Tiro y la moderna Beirut, fue en cierta ocasión la ciudad madre de Fenicia. Pero Tiro pronto la sobrepasó en grandeza. Quizá el remanente de Judá temía que Sidón sucediera a Tiro como una amenaza para su paz. Pero se le dio la sorpresa de que "nunca más será a la casa de Israel espina desgarradora" (v. 24)

El capítulo termina con una promesa de la restauración de Israel (vv. 25-26). Las otras naciones serían destruidas, pero Israel volvería a ser reunida otra vez en su propia tierra.

Egipto (capítulos 29–32)

A excepción del párrafo de 29:17-21, el cual tiene la fecha del año 571 a.C., todas las otras profecías en contra de Egipto se pronunciaron precisamente antes de la caída de Jerusalén o inmediatamente después, esto es, en los años 587-585 a.C. Egipto era responsable de haber introducido la idolatría entre el pueblo de Dios (16:26) y había animado a Judá para rebelarse en contra de Asiria y Babilonia.

La caída de Egipto (29:1-16). "En el año décimo, en el mes décimo" (enero de 587 a.C.), se le ordenó a Ezequiel que pronunciara la profecía en contra del faraón Hofra, "el gran dragón". Este gobernante orgulloso pretendía ser creador del Nilo (v. 3). Pero Dios dijo que él pondría garfios en su quijada y lo arrojaría al desierto (vv. 4-5). Egipto fue para Israel solo un "báculo de caña", que se rompió fácilmente (véase Isaías 36:6).

Después de 40 años, Egipto sería restaurado (v. 13). Pero sería el más humilde de los reinos (v. 15), y ya no una amenaza para Israel.

El salario de Nabucodonosor (29:17-21). Esta es la profecía fechada más tarde en el libro; en abril del año 571 a.C. Nabuco-donosor acababa de subyugar a Tiro después de sitiarla durante 12 años (585-573 a.C.). Pero los tirios tuvieron suficiente tiempo para despachar por barco todas sus mercaderías de valor, de manera que los babilonios recibieron muy poco botín a cambio de su arduo trabajo ("arduo servicio") en contra de Tiro (v. 18). Por lo tanto, Dios prometió dar el acaudalado Egipto a Nabucodonosor como pago. Este monarca marchó hacia el sur en el año 568 a.C. y recibió su recompensa. El punto de vista es que Dios usó a Nabucodonosor como instrumento para castigar a las otras naciones, pero se le pagaría por sus servicios.

El día de juicio de Egipto (capítulo 30). "El día de Jehová" (v. 3) el día del juicio vendría sobre Egipto. Nabucodonosor sería el mensajero que visitaría a Egipto con destrucción (v. 10). Los ídolos de Egipto serían destruidos (v. 13).

Los versículos 20-26 están fechados en el año 587 a.C. (v. 20), poco antes de la caída de Jerusalén. Algunos quizá todavía se preguntaban quién ganaría al fin, si Egipto o Babilonia. Ezequiel categóricamente dijo que Jehová estaba del lado de Nabucodonosor, quien a su vez conquistaría a Egipto. Solo mediante la inspiración divina pudo el profeta saber el fin de la lucha por el poder.

La caída de Faraón (capítulo 31). El término "asirio" en el versículo 3 es sin duda un error, debido quizá a una confusión de *t'asshur* (cedro) con *'asshur* (Asiria). La última frase del capítulo claramente dice: "Este es Faraón y todo su pueblo, dice Jehová el Señor". Así que el capítulo comienza (v. 2) y termina con Faraón. Se le presenta como un cedro alto, orgulloso y vanidoso (vv. 3-10). Pero por causa de su orgullo será talado (vv. 11-18).

El derrocamiento final de Egipto (capítulo 32). Este capítulo está claramente dividido en dos himnos fúnebres. Uno es para Faraón (vv. 1-16) y el otro para Egipto (vv. 17-32). El primero está fechado el primer día del mes decimosegundo (febrero del año 585 a.C.), seis meses después de la caída de Jerusalén. El segundo está fechado dos semanas después, en el día 15. En el primer himno se compara a Faraón con un dragón de los mares (v. 2) a quien Dios echaría en tierra. Nabucodonosor pondría fin al reinado orgulloso del Faraón (v. 32).

El retorno del cautiverio (capítulos 33–39)

Las profecías de Ezequiel acerca de Judá, pronunciadas antes de la caída de Jerusalén en el año 586 a.C. (caps. 4–24), sobresalen mayormente por la condenación de la gente por sus pecados y las advertencias del castigo. El mismo tono caracteriza los juicios en contra de las naciones extranjeras (caps. 25–32). Pero en la última sección del libro (caps. 33–48), él mira más allá del cautiverio, a la restauración y a la gloria futura de Israel.

La responsabilidad personal (capítulo 33)

Del profeta (vv. 1-9). Esta sección es muy similar a la comisión original del profeta (3:17-21). En ambos se hace énfasis en la responsabilidad de un atalaya.

Del pueblo (vv. 10-20). Cada individuo determina su propio destino. Esta es la verdad que ya se ha expresado más ampliamente en el capítulo 18. De acuerdo a lo que se dice ahí, la gente decía: "No es recto el camino del Señor" (v. 20).

De los sobrevivientes (vv. 21-29). El "año duodécimo" (v. 21) parece que es el equivalente al "undécimo" año en Jeremías 39:2. Si es así, las nuevas de la caída de Jerusalén en el año 586 a.C. llegaron hasta Ezequiel después de seis meses del evento. Fue entonces cuando dejó de estar "callado" (v. 22). Parece que poco antes de ese tiempo, él había escrito algunas profecías en contra de las naciones extranjeras, pero no le fue posible profetizar a los judíos.

Este fue el mensaje para los sobrevivientes de Judá: "Los que habitan aquellos lugares asolados en la tierra de Israel" (v. 24). Fue una advertencia de castigo por su idolatría (v. 25) y adulterio (v. 26).

De los cautivos (vv. 30-33). Dios informó a Ezequiel que los judíos en Babilonia que vinieron a él no estaban acatando su mensaje. "Y he aquí que tú eres a ellos como cantor de amores, hermoso de voz y que canta bien; y oirán tus palabras, pero no las pondrán por obra" (v. 32).

Pastores y ovejas (capítulo 34)

Pastores egoístas (vv. 1-10). Los gobernantes de la nación se comparan con pastores que se alimentan a sí mismos en vez de alimentar a las ovejas (v. 2). Esquilaban las ovejas en vez de alimentarlas (v. 3). Pero Dios demandará las ovejas de sus manos (v. 10).

El buen pastor (vv. 11-16). El buen pastor buscará sus ovejas, las traerá a su redil y las volverá a alimentar. El lenguaje empleado aquí nos recuerda el de Salmos 23 y Juan 10.

Ovejas contra carneros (vv. 17-31). El buen pastor actuará como juez, separando las ovejas de los carneros. La promesa del versículo 23 es mesiánica. Cristo, el hijo de David, será el Buen Pastor.

El juicio de Edom (capítulo 35)

Edom sería castigada por causa de su "enemistad perpetua" con Israel (v. 5). Sería puesta en "asolamiento perpetuo" (v. 9).

Restauración y regeneración (capítulo 36)

Aquí se promete que Dios juntará a todos los israelitas de todos los países y los traerá a su propia tierra (v. 24). Luego viene uno de los pasajes mas sobresalientes acerca de la regeneración en el Antiguo Testamento: "Esparciré sobre vosotros agua limpia, y seréis limpiados de todas vuestras inmundicias; y de todos vuestros ídolos os limpiaré. Os daré corazón nuevo, y pondré espíritu nuevo dentro de vosotros; y quitaré de vuestra carne el corazón de piedra, y os daré un corazón de carne. Y pondré dentro de vosotros mi Espíritu, y haré que andéis en mis estatutos, y guardéis mis preceptos, y los pongáis por obra" (vv. 25-27).

Avivamiento y reunión (capítulo 37)

El valle de los huesos secos (vv. 1-14). Ezequiel vio un valle de huesos secos. Luego se le preguntó: "¿Vivirán estos huesos?" (v. 3). En otras palabras, ¿podría la nación muerta de Judá volver a vivir? Cuando él profetizó, los huesos esparcidos se juntaron y formaron esqueletos, y los esqueletos se convirtieron en cuerpos y finalmente los cuerpos se levantaron con vida. Por medio de esta visión Dios prometió el avivamiento de Israel (vv. 11-14).

Dos palos (vv. 15-28). El profeta debía tomar dos palos, escribir en uno "Judá" y en el otro "Efraín". Luego debía juntarlos el uno con el otro para que se volvieran uno en su mano (v. 17). Esto simbolizaba la reunión de las doce tribus.

Gog y Magog (capítulos 38–39)

Gog, el príncipe de la tierra de Magog, vendrá contra el pueblo de Dios (38:14-16). Pero el Señor peleará en contra de él. Siete meses le llevará a Israel enterrar a los muertos (39:12).

A menudo se ha identificado a Magog, correcta o incorrectamente, con Rusia. ¿Los eventos de los últimos años confirman esta interpretación?

La gloria futura de Israel (capítulos 40–48)

El nuevo templo (capítulos 40–43)

En el año 25 del cautiverio (40:1), el año 573 a.C., Ezequiel recibió una visión del templo futuro. Las medidas y el mobiliario se dan en detalle. Algunos sostienen que estas son las medidas de un templo literal que ha de ser edificado antes o después de que Cristo venga. Parece mejor interpretarlo como un símbolo del nuevo reino espiritual. Lo más importante es que la gloria del Señor llenó la casa de Dios (43:2-5).

Reglas para el templo (capítulos 44–46)

Se dan instrucciones detalladas para el príncipe (44:1-3), los sacerdotes (44:9-31), las porciones para los sacerdotes (45:1-6) y el príncipe (45:7-25), la adoración del príncipe y el pueblo (cap. 46). Las reglas son tan específicas como las que encontramos en Levítico.

El río de la vida (47:1-12)

Esta descripción es paralela a Apocalipsis 22:1-2. El profeta ve un río de la vida corriendo desde el santuario que proveerá vida y sanidad.

La tierra santa (47:13–48:35)

Al profeta se le indican las fronteras de la tierra (47:13-23) y las asignaciones para las tribus, los sacerdotes y los príncipes (48:1-29). El libro concluye con la descripción de la ciudad santa (48:30-35).

PARA ESTUDIO ADICIONAL

1. ¿Dónde y cuándo profetizó Ezequiel?
2. Compare los llamados de Isaías, Jeremías y Ezequiel.
3. ¿Cuál fue la principal característica del ministerio de Ezequiel?
4. ¿Qué se estaba llevando a cabo en Jerusalén entre los años 597–586 a.C. de acuerdo a lo que Dios reveló a Ezequiel?
5. ¿En qué difiere la segunda mitad del libro de Ezequiel de la primera?
6. ¿Cómo se describe la gloria futura de Israel?

NOTAS BIBLIOGRÁFICAS

1 Citado en *New Bible Commentary*, p. 648.

2 *Ibid.*

6 EL PROFETA APOCALÍPTICO – DANIEL

Nombre: "Dios ha juzgado".
Fecha de los eventos: Aproximadamente 606–536 a.C.
Lugar de su ministerio: Babilonia.

División del libro:
    I. Historia de Daniel (capítulos 1–6)
    II. Visiones de Daniel (capítulos 7–12)

Versículos para memorizar: 1:8; 12:3, 10

INTRODUCCIÓN

El libro de Daniel ha sido de más controversia que casi cualquier otro libro de la Biblia. La mayoría de los eruditos liberales lo sitúan en el siglo II a.C., alrededor del año 165 a.C. Esto se debe a que describe en detalle los cambios de escena de ese período. Los conservadores sostienen el punto de vista judío y cristiano, que el libro lo escribió Daniel en el siglo VI a.C. Daniel, por inspiración divina, pudo ver el futuro por varios siglos. Uno tiene que creer en lo sobrenatural a fin de aceptar a Daniel como el autor de este libro.

Edward Young, ampliamente conocido como el erudito conservador de mayor calibre en asuntos del Antiguo Testamento, ha dado las razones que tenemos para sostener que Daniel escribió el libro que lleva su nombre. En sus obras, *An Introduction to the*

Old Testament[1] [Una introducción al Antiguo Testamento] y *The Prophecy of Daniel*[2] [La profecía de Daniel], el profesor Young presenta una respuesta adecuada a los argumentos de quienes niegan que Daniel es el autor del libro profético.

HISTORIA DE DANIEL (capítulos 1–6)

El cautiverio de Daniel (capítulo 1)

El principio del cautiverio de Daniel está fechado "en el año tercero del reinado de Joacim" (v. 1). Esto sería en el año 606 ó 605 a.C. Aquí se afirma que Nabucodonosor, el rey de Babilonia, invadió a Judá y sitió a Jerusalén. Habiendo tomado la ciudad, no la destruyó sino hasta 20 años más tarde, tomó "parte de los utensilios de la casa de Dios" (v. 2) y los llevó a la tierra de Sinar (Babilonia), donde los puso en la casa de su dios.

Nabucodonosor también ordenó que algunos de los jóvenes de la familia real se los llevaran a Babilonia, donde serían instruidos en la sabiduría del palacio imperial. Entre ellos estaban Daniel y sus tres amigos. Así que Daniel era príncipe en Judá. A los cuatro jóvenes se les dieron nombres babilónicos (v. 7). Es curioso que mientras Daniel se conoce por su nombre hebreo, los otros tres se conocen por sus nombres babilónicos: Sadrac, Mesac y Abednego (véase 3:12-20).

Una de las lecciones espirituales sobresalientes del libro se encuentra en el 1:8, "Y Daniel propuso en su corazón no contaminarse con la porción de la comida del rey, ni con el vino que él bebía". Fue una gran decisión para un joven cautivo en tierra extraña y lejos de la influencia piadosa de familiares y amigos. Fue una decisión valiente, que muy bien le pudo haber costado la vida. Rodeado por religiones y normas morales paganas, Daniel permanece como un ejemplo inspirador para los jóvenes de todas las generaciones. Él vivió de acuerdo a las convicciones que Dios le había dado, y ese ha sido siempre el precio a pagar para obtener la bendición divina.

Puesto que Daniel permaneció fiel, descubrió que Dios estaba de su lado y le puso en favor con el príncipe de los eunucos (v. 9). El encargado de los cuatro jóvenes hebreos al fin consintió que tuvieran una dieta de agua y legumbres por espacio de diez días. Al fin de este período los cuatro jóvenes se veían mejor que los que habían sido alimentados con alimento ordenado por el rey (v. 15). Así que se les permitió continuar con la dieta que ellos habían escogido.

Los cuatro jóvenes hebreos no solo prosperaron físicamente, sino que "Dios les dio conocimiento e inteligencia en todas las letras y ciencias" (v. 17). Daniel fue honrado con un don especial: "Entendimiento en toda visión y sueños".

Al fin del período de tres años de prueba (véase v. 5), el príncipe de los eunucos trajo a todos los príncipes hebreos delante del rey. Nabucodonosor descubrió que Daniel y sus tres amigos eran más sabios que todos los demás. Así que fueron retenidos en la presencia real. El rey se dio cuenta de que en sabiduría e inteligencia eran "diez veces mejores que todos los magos y astrólogos que había en todo su reino" (v. 20).

El último versículo de este capítulo introductorio dice que "continuó Daniel hasta el año primero del rey Ciro", pero una visión está fechada en "el año tercero de Ciro rey de Persia" (10:1). Esto sería alrededor del año 536 a.C.

El sueño de Nabucodonosor de una imagen (capítulo 2)

Son muchas las interpretaciones que se le han dado a este y los capítulos siguientes. A fin de no confundir al lector con una variedad de interpretaciones, nos pareció mejor simplificar el asunto y adoptar la interpretación más ampliamente aceptada por los premilenialistas de hoy.

El dilema del rey (vv. 1-11). En el segundo año de su reinado, Nabucodonosor tuvo un sueño que le turbó mucho. Desgraciadamente no podía recordarlo. Sin embargo, exigió a sus sabios que se lo trajeran a su memoria y le dijeran su significado.

Los caldeos sabios contestaron al rey "en arameo". Una de las características sobresalientes del libro de Daniel es que una gran parte del mismo (2:4–7:28) está escrito en arameo, un lenguaje semita relacionado con el hebreo, pero diferente. Los judíos aprendieron arameo en Babilonia y lo llevaron a Palestina, donde se convirtió en el idioma principal durante el tiempo de Cristo. Hoy día, el idioma común de Israel es otra vez el hebreo.

La liberación de Daniel (vv. 12-24). Enojado porque los caldeos no podían decirle su sueño y su interpretación, Nabucodonosor ordenó que fueran ejecutados todos los llamados hombres sabios de su corte. Pero antes de que la espada los ejecutara, Daniel suplicó al rey para que le diera tiempo (v. 16). Llamó a sus tres amigos para orar.

Aquella misma noche, mediante una visión, Dios reveló a Daniel el sueño y su interpretación. Después de dar gracias a Dios (vv. 20-23), Daniel pidió ir ante la presencia del rey.

El revelador de misterios (vv. 25-30). El rey preguntó al joven hebreo si él podría interpretar su sueño. Daniel se despojó de toda pretensión de sabiduría humana (v. 30), pero declaró que "hay un Dios en los cielos, el cual revela los misterios" (v. 28). Este Dios estaba mostrando a Nabucodonosor lo que pasaría en lo porvenir. La preocupación del rey era acerca de lo que pasaría con su imperio (v. 29).

El sueño (vv. 31-35). Nabucodonosor había soñado una gran imagen con forma de hombre. La cabeza era de oro, el pecho y los brazos de plata, el vientre y los muslos de bronce, las piernas de hierro, y los pies de una mezcla de hierro y barro cocido. Una piedra "cortada, no con mano", golpeó y destruyó la imagen. Luego se convirtió en una gran montaña que llenaba la tierra.

La interpretación (vv. 36-45). La imagen representaba cuatro imperios: (1) el babilónico, "tú eres aquella cabeza de oro"; (2) el medo-persa; (3) el griego, de Alejandro el Grande y sus sucesores; y (4) el romano. La mezcla de hierro y barro cocido (dictadura y democracia) recibe la mayor atención (vv. 41-43). Pero todos estos imperios serían derrocados y destruidos por el reino de Dios, el cual "no será jamás destruido" (v. 44).

La recompensa de Daniel (vv. 46-49). Con una extravagancia típica del oriente antiguo, el rey adoró a Daniel. Luego lo puso por "gobernador de toda la provincia de Babilonia, y jefe supremo de todos los sabios de Babilonia" (v. 48). A los amigos de Daniel también se les dio un puesto de importancia.

El horno de fuego (capítulo 3)

La imagen de oro (vv. 1-7). Lleno de orgullo como estaba, el rey mandó hacer una gran imagen de oro de 20 metros de altura. Y luego llamó a todos los oficiales de su reino para un gran servicio de dedicación. Un heraldo proclamó la orden del rey de que cuando la música comenzara, todos los presentes debían inclinarse y adorar la imagen.

La gran negación (vv. 8-18). Los tres amigos de Daniel, arriesgando sus vidas (véase v. 6), se negaron a adorar la imagen. También se negaron en una segunda oportunidad. No hay fe y fidelidad más grandes que las que se describen en los versículos 17 y 18: "Nuestro Dios... puede librarnos... nos librará... Y si no, sepas, oh rey, que no serviremos a tus dioses, ni tampoco adoraremos la estatua que has levantado". Esta clase de valor y fe son absolutamente inconquistables.

El horno de fuego (vv. 19-23). El rey estaba tan airado que ordenó que el horno se calentara siete veces más de lo normal. Los hombres más fuertes del ejército fueron nombrados para atar a los tres rebeldes y arrojarlos al fuego. Tal era el calor del horno que estos oficiales murieron quemados al acercarse a él (v. 22).

La gran liberación (vv. 24-30). De repente, el rey se espantó y se puso de pie al ver a cuatro hombres caminando tranquilamente dentro del horno de fuego. Con gran temor y respeto, ordenó que sacaran a los jóvenes hebreos del horno. Cuando los examinaron, no tenían ni siquiera olor a humo.

La lección de este incidente es demasiado clara como para pasarla por alto. Como hijos fieles de Dios, nunca nos encontraremos en el horno de fuego de la aflicción de cualquier clase, físico, financiero, social u otro, sin la seguridad de que el Hijo de Dios, el Amor Eterno, camina a nuestro lado. Y todo lo que el fuego puede hacemos es quemar las ligaduras que nos limitan y así librarnos para un servicio y un compañerismo más grande. Esta historia ha sido una inspiración para incontables generaciones de cristianos.

El sueño del árbol (capítulo 4)

El sueño (vv. 4-18). La segunda visión o sueño de Nabucodonosor concernía más al porvenir cercano que el anterior. Esta vez el rey recordaba el sueño, pero aun así los sabios no podían interpretarlo. Así que llamó a Daniel para que le diera su interpretación.

El rey había visto un gran árbol que llegaba hasta el cielo. Pero un vigilante, un santo, descendió del cielo para decretar que se cortara el árbol. Por espacio de siete años (v. 16), la persona representada por las cepas de las raíces que se dejaron, moraría con las bestias del campo "para que conozcan los vivientes que el Altísimo gobierna el reino de los hombres" (v. 17).

La interpretación (vv. 19-27). El árbol era Nabucodonosor quien se había exaltado a sí mismo con orgullo. Pero sería humillado a un estado de anormalidad mental por siete años (v. 25); después, sería restaurado (v. 26). Daniel rogó al rey que se arrepintiera.

El cumplimiento (vv. 28-37). Un año más tarde, el rey estaba proclamando jactanciosamente que él había edificado la magnífica ciudad de Babilonia, los esplendores de la cual la arqueología ha revelado sin medida, cuando el decreto de la condena se cumplió. Por espacio de siete años, el rey vivió en la demencia en medio de las bestias del campo. Cuando la razón le "fue devuelta", adoró al Dios verdadero.

La fiesta de Belsasar (capítulo 5)

El sacrilegio (vv. 1-4). En una fiesta en honor de 1,000 de sus príncipes, Belsasar ordenó que se trajeran los vasos del templo de Jerusalén. Mientras que la orgía continuaba, los invitados tomaban vino con los vasos sagrados y alababan a los dioses paganos.

La escritura en la pared (vv. 5-16). De repente, las rodillas del rey comenzaron a temblar de miedo. En la pared del lado opuesto, la mano de un hombre escribía unas palabras. En medio del terror, el rey llamó a los sabios, pero ellos no pudieron interpretar su significado. Al fin, la reina mencionó a Daniel. Inmediatamente lo trajeron al palacio y se le ofreció una gran recompensa si leía e interpretaba la escritura.

La interpretación (vv. 17-31). Daniel predicó al rey acerca de sus pecados. Luego le declaró que su reino sería conquistado y entregado a los medos y a los persas (v. 28). Belsasar honró a Daniel con una recompensa adecuada. Pero esa misma noche el enemigo tomó a Babilonia y murió el rey.

Hace una generación, la veracidad del libro de Daniel se puso en tela de juicio porque parecía afirmar que Belsasar había sido el último rey del imperio babilónico. Los registros seculares nombran a Nabonido como el último rey y ni siquiera mencionan a Belsasar.

Pero al fin la verdad salió a luz. Fueron descubiertas algunas tablas de Nabonido en las cuales cuenta de su amor por los viajes y la cacería. En ellas se dice que él había dejado a su hijo Belsasar encargado de Babilonia como gobernador. Así que, a la vez que se confirmó la veracidad de este relato, también se obtuvo una explicación de por qué Belsasar hizo a Daniel "el tercer señor del reino" (v. 29). Belsasar era el segundo gobernante.

Daniel en el foso de los leones (capítulo 6)

El decreto de Darío (vv. 1-9). El rey había nombrado a Daniel como el principal de tres gobernadores sobre todo el reino y estaba pensando hacerlo algo así como primer ministro (v. 3). Esto provocó celos en los otros oficiales. Daniel era tan fiel, que no podían encontrar ninguna falta en su conducta. Lo único que podían atacar en él era su religión. Así que manipularon al rey para que proclamara un decreto de que nadie podía pedir a ningún dios u hombre por espacio de treinta días, excepto al rey.

La fidelidad de Daniel (vv. 10-15). Cuando Daniel supo el decreto continuó con sus oraciones tres veces al día, con su ventana abierta hacia Jerusalén. Él temía a Dios, así que no le preocupaban las amenazas del rey ni de sus enemigos.

La liberación de Daniel (vv. 16-28). Dios cerró la boca de los leones y los enemigos de Daniel fueron al fin lanzados al foso. El rey proclamó un nuevo decreto ordenando adorar a Jehová. Mientras tanto, Daniel continuó prosperando.

VISIONES DE DANIEL (capítulos 7–12)

Las cuatro bestias (capítulo 7)

Esta visión está fechada "en el primer año de Belsasar rey de Babilonia". Como dijimos anteriormente, Belsasar reinó junto con su padre durante el último año del imperio babilónico, el cual llegó a su fin en el año 538 a.C. Esta visión es muy semejante a la imagen del sueño de Nabucodonosor (cap. 2).

La visión (vv. 1-14). Daniel vio cuatro bestias grandes que salían del mar. La primera era "como león" (v. 4), con alas de águila. Esta representaba el imperio babilónico establecido por Nabucodonosor.

La segunda bestia era "semejante a un oso" (v. 5), y representaba el imperio medo persa.

La tercera bestia era "semejante a un leopardo" (v. 6), y simbolizaba el imperio griego de Alejandro el Grande. Las cuatro alas y las cuatro cabezas simbolizaban las cuatro divisiones que resultaron después de la muerte de Alejandro.

La cuarta bestia era "espantosa y terrible y en gran manera fuerte" (v. 7), con grandes dientes de hierro que devoraban. Esta bestia indescriptible representaba el imperio romano.

Daniel estaba perplejo por el hecho de que un pequeño cuerno sobresalía de entre los diez cuernos y arrancó tres de ellos. Pero luego vio "un Anciano de días" sentado en el trono (v. 9) juzgando (v. 10). La terrible bestia murió (v. 11). La visión se cierra con "uno como un hijo de hombre" recibiendo del "Anciano de días" un reino universal y eterno (vv. 13-14).

La interpretación (vv. 15-28). Las cuatro bestias eran cuatro reyes (v. 17). "Después recibirán el reino los santos del Altísimo, y poseerán el reino hasta el siglo, eternamente y para siempre" (v. 18).

Daniel estaba especialmente interesado en la cuarta bestia y sus cuernos. Se le dijo que los diez cuernos representaban diez reyes. El pequeño cuerno que se levantó entre ellos desafiaría a Dios "y a los santos del Altísimo quebrantará" (v. 25). Pero el reino le será quitado a él y dado a los "santos del Altísimo" (vv. 26-27).

El cuerno pequeño de Daniel 7:8 es interpretado generalmente por los premilenialistas como una referencia al anticristo, al fin de esta edad. Él perseguirá al pueblo de Dios, pero será derrotado.

El carnero y el macho cabrío (capítulo 8)

La segunda visión de Daniel está fechada "en el año tercero del reinado del rey Belsasar". Tuvo lugar en Susa, la antigua capital de Persia. Fue "en la provincia de Elam", al este del valle del Tigris y del Éufrates.

La visión (vv. 1-14). Daniel vio primero un carnero con dos cuernos (v. 3). Este representaba el imperio medo persa. El cuerno más alto, que apareció de último, representaba el segundo y más fuerte elemento, Persia. El imperio persa se extendía al oeste hasta el Asia occidental, al norte hasta Grecia, y al sur hasta Egipto (v. 4). No iba muy lejos hacia el este.

Luego Daniel vio un macho cabrío que venía del oeste. Se movía muy rápidamente "sin tocar tierra" (v. 5). Este describía vívidamente la asombrosa y rápida conquista de Alejandro el Grande, quien arrasó Asia Menor, Mesopotamia, Siria, Palestina, Egipto y aun la India, todo eso en unos pocos años.

Por tanto, el macho cabrío representaba el imperio griego. El "cuerno notable" (v. 5) era Alejandro el Grande, quien quebró el poder ("cuernos") del imperio medo persa. Pero cuando "se engrandeció sobremanera" (v. 8) el cuerno se quebró, Alejandro el Grande murió repentinamente (en el año 323 a.C., a la edad de 32 años). Cuatro cuernos (cuatro divisiones del imperio) le sucedieron.

De uno de ellos surgió el "cuerno pequeño". El pequeño cuerno de Daniel 8:9 se interpreta como una referencia a Antíoco Epífanes, el gobernador de Seleucia, que creció mucho al sur (Egipto), y al oriente (Mesopotamia), y hacia la tierra gloriosa (Palestina). Por él fue quitado el continuo sacrificio, y el lugar de su santuario se echó por tierra (v. 11); eso significa que Antíoco Epífanes detuvo los sacrificios diarios en el templo de Jerusalén y profanó el lugar santo al llevar como ofrenda un puerco al altar. Esto tuvo lugar en el año 168 a.C.

Pero más tarde el lugar se limpiaría (v. 14). Esto sucedió en diciembre del 165 a.C., y se conmemoraba en días de Cristo durante la fiesta de la dedicación (Juan 10:22). Todavía es celebrada por los judíos con el nombre de *Hanuka* o el Festival de las Luces, una de las épocas más sobresalientes del año judío.

La interpretación (vv. 15-27). El carnero se identifica claramente con el imperio medo persa (v. 20). El macho cabrío es Grecia (v. 21). El cuerno grande es el primer rey, Alejandro el Grande, quien fue sucedido por cuatro reyes, ninguno de los cuales tuvo "la fuerza de él" (v. 22). El "rey altivo de rostro" (v. 23) es Antíoco Epífanes, el rey de Seleucia, de Siria. Él destruiría a los "fuertes y al pueblo de los santos" (v. 24), los judíos.

Las setenta semanas (capítulo 9)

Esta visión tuvo lugar "en el año primero de Darío" (v. 1). Daniel leyó en el libro de Jeremías que el cautiverio duraría solo setenta años.

La oración de confesión de Daniel (vv. 3-19). Cuando a uno se le da la seguridad de que Dios enviará un avivamiento, no debe dejar de orar. Todo lo contrario, ese debe ser el momento de oración, petición insistente y confesión, preparando así el camino para el avivamiento.

Este fue el curso que siguió Daniel. Aunque él era justo, confesó los pecados de la nación. Todo intercesor debe, en cierta medida, identificarse con aquellos por quienes ora, confesando sus pecados casi como si fuesen suyos.

Las setenta semanas (vv. 20-27). La mayoría de los eruditos están de acuerdo en que en este caso la "semana" representa siete años. Las setenta semanas entonces serían cuatrocientos noventa años.

Se afirma que "desde la salida de la orden para restaurar y edificar a Jerusalén" hasta que se le quite "la vida al Mesías" serán 69 semanas (vv. 25-26), 483 años. Si uno identifica el primer evento con el decreto de Artajerjes para edificar los muros de Jerusalén en el año 445 a.C. (Nehemías 2:4-8), la cronología es casi perfecta. Notemos que no es el nacimiento del Mesías, sino su muerte, la que se menciona. Sustrayendo 30 (Cristo murió probablemente en el año 30 d.C.) de los 483 años, nos da 453, que está muy cerca de 445.

Pero, ¿qué de la septuagésima semana? Los premilenialistas generalmente la colocan al fin de esta era, sosteniendo que este período de la iglesia gentil (de una extensión indeterminada) está insertado entre las semanas 69 y 70 de la historia de Israel. Sin duda que hay muchas dificultades con esta y cualquier otra interpretación de este capítulo.

El versículo 27 se interpreta generalmente como referencia a un convenio entre el anticristo y los judíos. "A la mitad de la semana" él quebranta el convenio y siguen tres años y medio de "la gran tribulación". Otra interpretación relaciona la primera mitad de la semana 70 a los tres años y medio del ministerio de Cristo, seguida por su muerte, la cual puso fin a la necesidad de sacrificios de animales.

La última visión de Daniel (capítulos 10–12)

Esta visión tuvo lugar "en el año tercero de Ciro rey de Persia" (10:1), después de un período de tres semanas de lamento y ayuno. Daniel estaba a orillas del río Hidekel (v. 4), Tigris. Quizá él estuviera acongojado por falta de una respuesta entusiasta de parte de los judíos cautivos hacia el decreto de Ciro permitiéndoles volver a su tierra. Sin duda estaba preocupado con el resultado final de todo eso.

El mensaje del cielo (capítulo 10). Un visitante angelical le apareció a Daniel y le informó que sus oraciones habían sido escuchadas desde el primer día (v. 12). Pero se le opuso "el príncipe del reino de Persia" hasta que Miguel vino en su ayuda (v. 13). El propósito de la visión era hacer saber a Daniel "lo que ha de venir a tu pueblo en los postreros días" (v. 14).

Los períodos persa y griego (11:1-35). El mensajero declaró que tres reyes seguirían en Persia. Estos eran Cambises, Pseudo-Smerdis y Darío Hystaspes. El cuarto, más rico que todos (v. 2), era Jerjes, quien intentó invadir a Grecia pero lo derrotaron en Salamina en el año 480 a.C.

El "rey valiente" que se enseñorearía "con gran poder" (v. 3) era Alejandro el Grande. A su muerte el reino se dividió en cuatro partes (v. 4).

Luego sigue un resumen (vv. 5-20) de las actividades rivales del "rey del sur", los ptolomeos de Egipto, y del "rey del norte", los seleucos de Siria. El hecho de que este material se dé en minucioso detalle ha guiado a muchos eruditos a sostener que durante este período se escribió el libro de Daniel.

El gobernante de mayor importancia para los judíos fue Antíoco Epífanes. Así que sus hechos se registran más ampliamente (vv. 21-35). Él es llamado "un hombre despreciable" por su agrado de profanar las cosas sagradas. Él quitaría "el continuo sacrificio" y pondría "la abominación desoladora" (v. 31). Esta última frase la encontramos en el discurso de Cristo en el monte de los Olivos (Mateo 24:15; Marcos 13:14). La referencia de Daniel es probablemente a la profanación del templo de Jerusalén por Antíoco en el año 168 a.C., cuando este ofreció un puerco en el altar. "Mas el pueblo que conoce a su Dios se esforzará y actuará" (v. 32), es una alusión a la rebelión de los macabeos.

El tiempo del fin (11:36–12:13). La escena parece cambiar súbitamente al anticristo, al fin de esta era, de quien Antíoco Epífanes fue un tipo muy vívido. Al menos los premilenialistas sostienen que la parte final de este capítulo (11:36-45) es una descripción del anticristo que surge de la figura de Antíoco.

Lo que generalmente se conoce como "la gran tribulación" se describe en el primer versículo del capítulo 12 como un "tiempo de angustia, cual nunca fue desde que hubo gente hasta entonces". Esta afirmación tan fuerte fue repetida por Cristo (Mateo 24:21; Marcos 13:19).

Luego el mensajero reveló a Daniel que habría dos clases de resurrección: "unos para vida eterna, y otros para vergüenza y confusión perpetua" (v. 2). El versículo 3 es una hermosa promesa para los "entendidos" quienes "enseñan la justicia a la multitud".

El libro concluye con una admonición para Daniel para que selle el contenido del libro "hasta el tiempo del fin" (vv. 4, 9). Evidentemente, el significado de esto no se entenderá, sino hasta más adelante. Se dice que "muchos serán limpios, y emblanquecidos y purificados", mientras que los impíos continuarán en sus pecados. Esa ha sido la historia de la humanidad desde los días de Daniel hasta el presente.

PARA ESTUDIO ADICIONAL

1. ¿Cuándo y dónde profetizó Daniel?
2. ¿Cuáles son las dos principales divisiones del libro?
3. ¿En qué sentido es Daniel un ejemplo para los jóvenes de hoy?
4. Compare las divisiones de los capítulos 2 y 7.
5. Discuta la interpretación de las 70 semanas.
6. ¿Qué dice Daniel acerca del tiempo del fin?

NOTAS BIBLIOGRÁFICAS

1 Edward J. Young, *An Introduction to the Old Testament* (Grand Rapids: Wm. B. Eerdmans Publishing Co., 1949), pp. 351-364.

2 Edward J. Young, *The Prophecy of Daniel* (Grand Rapids: Wm. B. Eerdmans Publishing Co., 1949), pp. 19-26.

BIBLIOGRAFÍA

ALBRIGHT, W. F. "The Old Testament and Archaeology", *Old Testament Commentary*, H. C. Alleman y E. E. Flack, editores. (Philadelphia: Muhlenberg Press, 1948).

DAVIDSON, F., editor. *New Bible Commentary*. Grand Rapids: Wm. B. Eerdmans Publishing Co., 1953.

DELITZSCH, FRANZ. *Biblical Commentary on the Prophecies of Isaiah*. Vol. I. Grand Rapids: Wm. B. Eerdmans Publishing Co., 1949.

ROBINSON, GEORGE L. *The Book of Isaiah*. Edición revisada. Elgin, Illinois: David C. Cook Publishing Co., 1948.

SMITH, GEORGE ADAM. *The Book of Isaiah*. Vol. I. Edición revisada. New York: Doubleday, Doran and Co., sin fecha.

YOUNG, EDWARD J. *An Introduction to the Old Testament*. Grand Rapids: Wm. B. Eerdmans Publishing Co., 1949.

_____. *The Prophecy of Daniel*. Grand Rapids: Wm. B. Eerdmans Publishing Co., 1949.